Oracle

DEVIENS
LE MAGICIEN DE TA VIE

... À l'écoute des guides
pour cocréer le merveilleux...

Cécilia Angénieux-Grenier

*Messages reçus en écriture intuitive
Illustrations réalisées par l'auteure
à partir de taches de peinture*

Sommaire

Note de l'auteure

Suggestion de l'auteure

Le message des cartes :

1 - Accède à l'amour sacré

2 - Accepte le nettoyage au karcher et l'accueil de la guidance supérieure

3 - Accueille ta " femme chamane " avec confiance

4 - Apporte la parole guérison

5 - Bénis la passion

6 - Canalise la lumière pour la renvoyer

7 - Choisis la voie royale

8 - Crois infiniment en la prière

9 - Crois puissamment aux miracles

10 - Découvre comment transmuter la douleur

11 - Découvre l'apesanteur

12 - Défie les codes pour ne plus obéir qu'à ta guidance supérieure

13 - Déleste-toi de la culpabilité

14 - Deviens le magicien de ta vie

15 - Deviens le voyageur céleste

16 - Emprunte la traversée menant à la victoire

17 - Explore ton plein potentiel de mère sacrée

18 - Instaure un climat de paix

19 - Je serai toujours auprès de toi, au-delà de la mort

20 - Lâche la pression et découvre l'envergure

21 - Lâche le jugement pour trouver la liberté

22 - Lâche tes systèmes de défense obsolètes et ose l'unification

23 - Laisse éclore les mots de vérité

24 - Laisse ta nature profonde te guider

25 - Laisse tes mains te guider
26 - Libère-toi de la colère en l'accueillant pleinement
27 - Libère-toi de la peur en osant la confiance
28 - Libère-toi de la tristesse et vis ta vie rêvée
29 - Merci d'accepter mon départ et d'oser la vie
30 - Mets ta puissance au service de la lumière
31 - Ne sois pas aussi perfectionniste, tout est dejà parfait
32 - Ose le défi des âmes jumelées
33 - Ose mourir pour renaître
34 - Ose quitter cet amour pour mieux te retrouver
35 - Ose rouvrir ton cœur
36 - Ôte ton masque, aie confiance en la magie de la vie
37 - Quitte le chacal sans regrets, sois juste toi
38 - Quitte le faux amour et libère-toi des chaînes de l'attachement
39 - Rappelle-toi notre contact rapproché
40 - Réintègre ta pureté
41 - Réintègre ton corps sacré
42 - Remercie celui que tu as aimé et qui t'a fait grandir
43 - Retrouve la confiance primordiale
44 - Retrouve ton monde enchanté
45 - Rêve de justice
46 - Reviens à l'innocence de l'ange
47 - Sois doux avec toi-même
48 - Ton enfant intérieur sera toujours un puissant guide
49 - Ton être est angélique, cocrée avec nous le plus beau
50 - Tu es l'humain unifié à sa divinité
51 - Tu es prêt
52 - Unifie ton être et découvre-toi autre

À propos de l'auteure

Note de l'auteure

Cet oracle invite à découvrir la puissance de la foi.
Non la foi religieuse... mais la foi en la **Cocréation de la Vie de manière guidée**.

Mes canalisations les plus belles sont toujours celles recueillies lorsque mon être est plongé dans une Confiance infinie en une guidance puissante possible par des êtres de lumière associés au plus beau de moi.

Dès lors que les doutes s'installent, la guidance est plus faible. Serait-ce ce fameux « libre-arbitre » laissé à l'être humain par la Source de toute vie pour lui permettre la liberté avant tout ?

Cet ouvrage est en fait une invitation au *"jeu des miracles"*.

Le miracle d'amener son être à l'accueil du plus beau. Le miracle d'oser poser sa confiance en l'Univers pour être guidé au mieux de ses besoins du moment...

Cet oracle est peut-être aussi un appel - pour tous ceux qui doutent - à se laisser porter par le **processus de guidage de l'Univers** (que je découvre moi-même depuis quelques années seulement) et ainsi comprendre la puissance de forces invisibles accompagnatrices, dès lors que l'on ose croire en elles.

> Cet oracle se veut une invitation
> à découvrir le processus de
> **libération du mental**
> créé non pas par des heures
> de méditation ou de travail sur soi mais
> par la seule croyance infinie de **pouvoir être guidés**
> **par des forces bienveillantes** issues d'on ne sait où,
> non tangibles mais tellement puissantes...
> **C'est alors que la magie opère,**
> **c'est alors que l'âme agit !**

Pyramide d'amis...

Une règle à mon sens indispensable
pour accepter d'être guidés :

Poser en premier l'Intention
de se laisser guider
puis laisser alors
la Confiance primordiale
s'installer en soi en s'éloignant
de toute critique, de toute analyse
et de tout autosabotage
créés par l'ego...
Alors...
... le meilleur saura émerger
pour vous
de ces textes poétiques,
j'en suis convaincue !

Comment jouer avec ces textes guidés ?

Je vous invite
à créer votre
propre règle...
Mais pour amener
la confiance,
la "suggestion
de l'auteure"
saura peut-être
éclairer certains...

Tous ces textes ont été canalisés
et offerts à des amis ou amis d'amis,
lorsque l'appel était lancé par eux ou en mon être...
La force de ce recueil est que
- par le biais du jeu -
ces guidances se révèlent puissantes
pour chacun d'entre nous, au gré de nos besoins...
C'est ce que j'ai moi-même expérimenté, avec
beaucoup d'étonnement et de joie, tout
au long de la réalisation de cet
oracle...

Tout le monde peut se laisser guider par le monde subtil ! Ce que je découvre - et qui m'épate - c'est que finalement, la seule condition, pour que cela puisse se faire, est simplement d'avoir une confiance infinie que cela est possible.

Alors commence à mon sens le **Jeu merveilleux de la vraie vie**, celle de la Cocréation entre le monde visible et le monde invisible.

Finalement, j'en viens à me dire que tout est une question de confiance, que **tout part de la confiance.** Confiance que l'on pose en l'existence d'un guidage possible... Confiance que l'on pose en l'existence du plus beau toujours possible... Confiance que l'on pose en la possibilité de l'être humain de **cocréer des miracles**... Alors, dans la découverte de cet outil, je vous souhaite finalement la plus belle des confiances en votre acceptation à vous laisser émerveiller par le **mystère du guidage cocréatif** entre notre " sur-âme " et ce que l'on ne voit pas mais que l'on peut ressentir, dont on peut recevoir des signes et qui peut puissamment nous accompagner...

Merci aux êtres libérateurs et accompagnateurs
- intermédiaires et protecteurs invisibles au service de tous les possibles,
êtres de lumière pure qui donnent sans retour -
... pour tous ces mots offerts

Rencontre amusée...

N'hésitez-pas à me partager vos découvertes à l'adresse
ceciliamagiciennedevie@gmail.com, cela me portera...

Je vous souhaite un bel accueil de la Vie Belle...

Cécilia Angénieux-Grenier

Suggestion de l'auteure

Installe-toi dans un endroit qui apporte le calme en toi,
Entoure-toi d'objets beaux ou symboliques pour toi...

Connecte-toi sans jugements intérieurs à ce qui te parle le plus
sur cette vie humaine en terme de guidance et d'ouverture du cœur...
la Terre, la Nature, les Animaux, l'Amour, l'Esprit de personnes guidantes pour toi,
des Guides de lumière identifiés ou non, des Anges, des Divinités,
la Source, des êtres merveilleux issus de ton Imaginaire,
les Étoiles, les chevaliers du Graal, les 4 éléments, ...

Pose ton être en tranquillité et en confiance.
Si tu te sens particulièrement démuni, fragilisé voire exténué, si tu te sens manquer
de confiance en cette vie, tu peux également répéter plusieurs fois un mantra,
une courte prière ou toute autre formule qui te parlera, pour apporter le
lien primordial entre chaque chose (par exemple MITAKUYE OYASIN),
l'abandon à la Confiance primordiale (par exemple HAKUNA MATATA)
la libération (par exemple OM TARE TUTARRE TURE SOHA),
etc, etc ...

Alors, tu es prêt à te laisser guider...
le jeu peut commencer !

Place-toi au dessus de ton mental, proche du haut de ton crâne,
porte du 7ème chakra, en empruntant des escaliers imaginaires.
Laisse alors ton esprit - connecté à ton « Toi profond » - poser les mots
de ce dont tu auras le plus besoin en terme de guidance du moment.

...Et pars alors à la découverte
du texte choisi par ta sur-âme, pour te guider en piochant au hasard
les yeux fermés une carte parmi les 52 cartes du jeu...

Je te souhaite de belles découvertes...

Les textes de l' oracle :

DEVIENS LE MAGICIEN DE TA VIE

... À l'écoute des guides
pour cocréer le merveilleux ...

*Messages reçus en écriture intuitive
Illustrations réalisées par l'auteure
à partir de taches de peinture*

- 1 -
ACCÈDE
À L'AMOUR SACRÉ

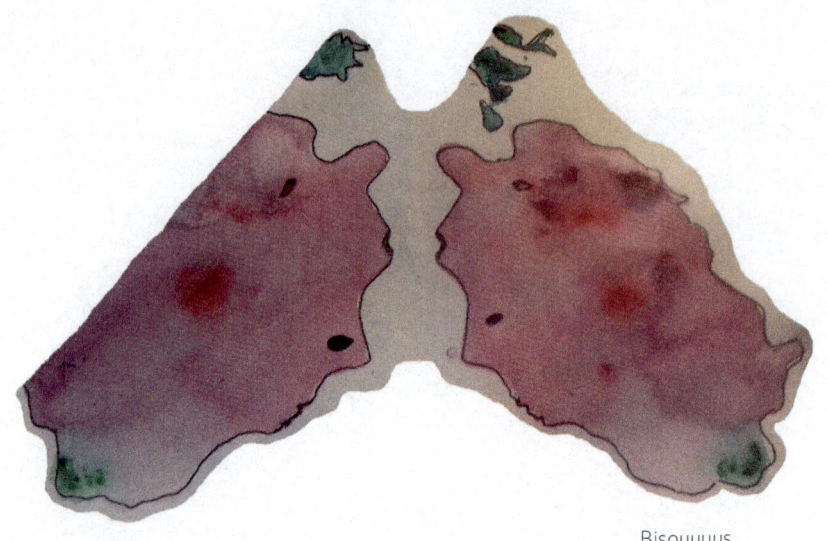

Bisouuuus...

La voie de la sagesse humaine...

Chante Ris Aime
Remplis ton cœur de joie.
Sois confiant. L'amour est là.
Navigue à travers la paix intérieure.
Sois serein. Entends le chant de l'Amour.

**Prends ses mains et respirez ensemble d'un même battement de cœur.
Reste ancré dans ton corps tout en ayant le ciel en ligne de mire.**

Prends la bague, celle de l'Union Sacrée.
Soyez tranquilles en vos cœurs.
Retrouvez l'Unité perdue.

Sois sage... De la sagesse de l'aigle et de la tortue réunis...

Loue et rend grâce.
Défais les fils du passé.
Essuye les larmes. Oublis ta peine.
Crois en l'amour te libérant des fardeaux.
Ligote tes peurs et laisse chanter la joie des retrouvailles.
Accorde ton pardon et dévoue-toi à l'amour.
Apporte le pardon. Guéris les blessures.
Réunifie le passé et l'avenir.
Défile la volonté divine.
Sois doux.

Quel est le but ?

Apprendre à aimer
S'entourer d'une bulle de lumière
Épurer ses sentiments et émotions...
Oser vivre l'amour dans toute sa splendeur
Perfectionner l'amour sous toutes ses formes
Découvrir dans la joie. Ressentir pleinement. Épurer
Égrainer l'amour. Semer l'amour. Jouir de la vie
Aimer d'un amour pur toute chose et tout
être pour manifester la Présence
Etre fidèle à soi-même
S'aimer en premier
Vibrer l'amour
Vibrer juste
Vibrer vrai
Aimer

Aime comme tu le fais...

Cette voie présente est comme une aide au passage.
« Entrer en relation d'amour. Aider au lien d'amour. Tisser la toile du rêve.
Entendre l'écho. Chanter juste. Mettre ses pas dans les pas de l'autre. »
Poursuis la voie du don d'amour pour toute chose et pour tout être.
Poursuis cette voie de lumière. C'est une nourriture céleste.
« Grandir et aimer ». Nourris-toi de ce don d'amour.
Sois en paix. Le chemin est beau.
Le but est le rassemblement.
Ne doute pas.
Don de
soi.

- 2 -
ACCEPTE LE NETTOYAGE AU KARCHER ET L'ACCUEIL DE LA GUIDANCE SUPERIEURE

Naissance de la pluie...

Tes guides t'accompagnent et ont toujours été là. Et tu le sais !
Ose encore davantage nous demander soutien et sécurité...
Si tu nous demandes, nous te donnons par brassées.
Si tu veux faire seul, c'est ton libre choix.
Et ce choix, tu l'as fait si souvent !
Ton défi est celui désormais de t'ouvrir à la confiance fondamentale pour agir en coopération avec ceux qui te renvoient tes propres ombres, en coopération avec le plus beau de toi, en coopération avec nous,
en coopération avec ceux qui t'accompagnent dans la vie.
Un très gros défi que tu es capable de relever bien sûr,
à partir du seul moment où tu
en auras posé l'intention...
Tu vis un nettoyage au karcher qui te permet de te défaire de ce qui s'accroche éperdument ! Accepte ce nettoyage avec gratitude et sans colère...
Abandonne-toi à ce nettoyage intérieur qui te permet de lâcher prise.
Ose pleurer ces larmes venant de ton âme pour apporter la paix.
Ose te laisser bercer par ces vagues qui te nettoient.
N'aie pas peur de l'abandon à la vie.
Ce nettoyage n'est pas infini. Il est nécessaire mais il a une fin.
Il t'est proposé par la vie et tu as le choix de l'accueillir avec
confiance ou avec résistance. Comme toujours...

Ta vraie famille t'attend.
Celle qui t'a toujours accompagnée.
Celle qui t'offrait cette clarté, cette voie intérieure
pour te dire qu'il fallait persévérer comme tu le faisais...
Celle qui te câlinait dans les moments de violence de ton enfance.
Nous avons toujours été là... Parfois tu as osé accepter notre guidance !
Nous sommes là... Nous sommes là pour toi... Tends ta main.
... Ressens nos milliers de mains qui se tendent vers toi ...
Dans ce nettoyage actuel, nous te proposons de lâcher
les peurs et d'accepter notre main tendue. Ou plus
précisément, d'accepter nos mains tendues
pour pouvoir lâcher tes peurs.

Libère-toi du passé. Il ne doit plus avoir de prise sur toi.
Tu dois ÊTRE et non SUBIR.

Tu as tout en toi...
Laisse-toi aller à ta douceur innée.
Tu as juste à ouvrir lorsque tu choisis de fermer.
Laisse-toi aller à ton intuition au-delà de ta raison...
Laisse-toi aller à l'offrande du sourire bienveillant...
Pour la paix, instaure ta bonté innée comme guide suprême.
Pour la joie, retrouve l'innocence de ton rire sans sarcasmes.
Toutes tes autres clés : discernement, clairvoyance,
visions... sauront te protéger de ce qui a à l'être.
Paix et joie sont les maîtres-mots.
Tu n'as pas à rajouter de couches
de protections supplémentaires.

Agis avec fluidité sur cette terre comme si
tu étais libéré de la pesanteur.

Fais appel, nous répondons toujours...
Ressens en toi l'apesanteur du vol libre de l'aigle.
Joue avec nous plutôt que de nous lancer des piques.
Nous aimons jouer. Tu aimes jouer. Tout est donc parfait.
Tu es proche de la liberté véritable qui amène à l'accueil du beau et du bon.
Accueille cette perfection à la hauteur de qui tu es vraiment.
Avec tout notre soutien, notre amour et notre bonté.

- 3 -
ACCUEILLE TA "FEMME-CHAMANE" AVEC CONFIANCE

Métamorphose...

Joie du monde.
Tu es prêt à lâcher tes peurs.
Tu es amené à découvrir ta puissance dans toute sa beauté.

Ce nouveau cycle est là pour ça ! Accueille-le comme tel dans ta vie.

Cette voie doit se vivre dans l'abandon le plus total à la Confiance.
Juste un lâcher-prise infini dans la conscience de l'amour...
Pas de peurs en lien avec ça. Pas de jugements.

C'est un cycle à part !

Le lâcher-prise
du corps peut naître...
... car l'amour est là et la confiance aussi. Offre-toi ce cadeau de Vie ...
Laisse-toi accompagner par tes guides comme tu sais désormais le faire.
Dans cette toute confiance en
l'alignement infini de ta trinité
va naître une étoile solaire.

Cette transcendance est ton destin. Vis-la avec toute
la beauté réunie de l'ange, de la fée et de la femme sauvage.

Chaque femme devrait connaître cette Transcendance.
C'est cette transcendance qui permet le passage.
Ne juge pas tes comportements d'un oeil humain.
... Deviens la lionne découvrant son instinct ...
Chaque homme devrait accueillir son Féminin
Sacré pour vivre cette transcendance en lui.

Pour te connecter à ta Divinité Sacrée,
connecte-toi à la puissance de l'Amour.

Laisse tes peurs hors de ce parcours.
Invite ton guerrier à éloigner ces peurs.
Tu es le Grand Toi à l'aube de sa naissance.
Tu as à vivre la découverte de ta "femme-chamane"
par l'ouverture à l'amour sacré dans la physicalité.
C'est ta voie d'accès à ton dragon d'or.

Seulement l'amour à accueillir dans toute sa grandeur !
Réjouis-toi de ce nouveau cycle : il est Abondance !

Tu es prêt !
Laisse-toi nourrir.
Laisse jaillir la source.
Laisse-toi "sur-prendre" !
Laisse exploser le volcan.
Accueille ce volcan et ris de ce volcan !
Vis cette explosion dans une explosion d'amour !
Sois beau et lumineux.
Tout est parfait.
Point de peur.

- 4 -
APPORTE
LA PAROLE GUÉRISON

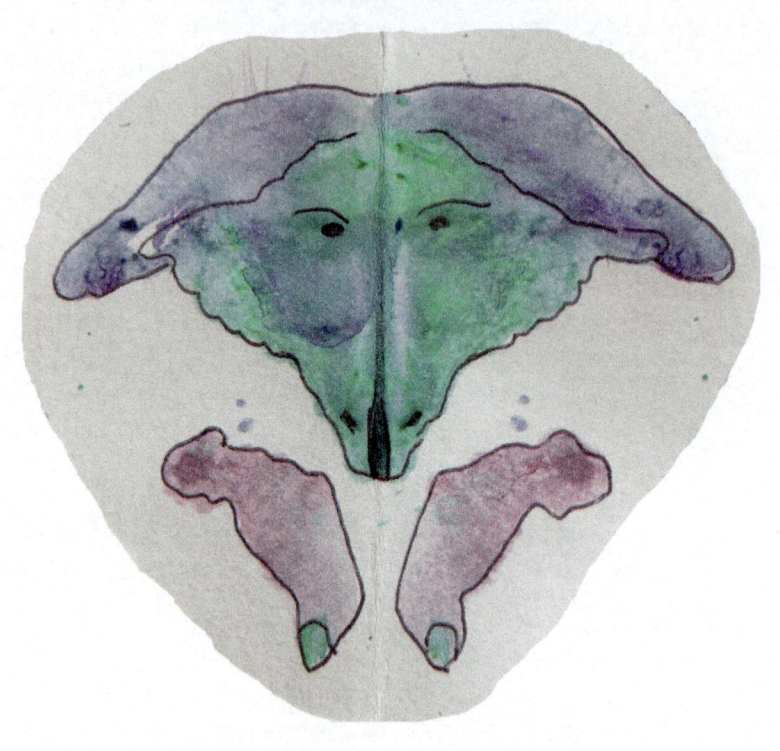

Ô toi... Bélier ! Courageux guerrier-guérisseur

Paix à trouver !
De la nuit, des ténèbres...
ces ombres venues envahir l'espace...

L'incompréhension est grande.

Sourire... Juste résonnance du matin... Musique douce...
La joie est là, au bout du tunnel de réconciliation,
... éclairant la nuit !

Lueur divine pour éclairer la Voie. Confiance absolue. Le plus dur est déjà passé.
Onde joyeuse. Paix... Liberté... De l'ombre, ose l'indicible... Satanés tracas !
Des noeuds qui rêvent de se dénouer... Guérison grâce à la parole.
Chant de vérité enfin révélé. Place au dénouement juste.
Justice sans fin... Chemin de liberté !
Tu as les mots, le cœur est ouvert...

« Laisser couler les mots entre les lèvres
et ne retenir que le sourire et la chaleur des retrouvailles... »

Lueur d'espoir infinie.
Paix en vos cœurs, soutien sacré.
Les enfants permettent la passerelle.
Rayon bleu... comme une épée de sagesse.
Quête de beauté. Vaillant guerrier aux mots de fée.
Par ce choix, tu libères en toi l'énergie noire accumulée.
Elle sort par les mots prononcés. Elle sort par le bas délivré...
La Terre permet la transformation...
L'Esprit permet la libération...
Le Coeur permet le lien...

C'est le plus beau cadeau que tu ne te seras jamais fait...

Joie infine de cette création de beauté et de liberté de ton être !
Tu as les mots, je te le redis. Tu sais comment partir des émotions et
poser tes besoins. Juste ça ! Pas plus, ni moins... Pas de grands discours.
Tu as les mots et le cœur ouverts... Tu es un porte-parole.
Une parole juste et aimante avec l'intention de guérison.
Laisse parler ton cœur. Il saura faire.

Voie sacrée dans la quête infinie du bonheur.
Douce pluie réparatrice.

Une terre qui retrouve sa splendeur. Un ciel qui retrouve son bonheur.
Des cœurs qui s'ouvrent enfin dans la Reconnaissance et le Pardon.
Le courage cède la place au repos... Grande joie en ton cœur.
Tu as osé ! Et c'est toute une lignée qui respire.
La vie reprend son cours, le plus dur est passé,
Pas d'accrocs... Pas de rancœurs...
Arme de paix. Tout est parfait.
Tu es beau et grand.

- 5 -
BÉNIS LA PASSION

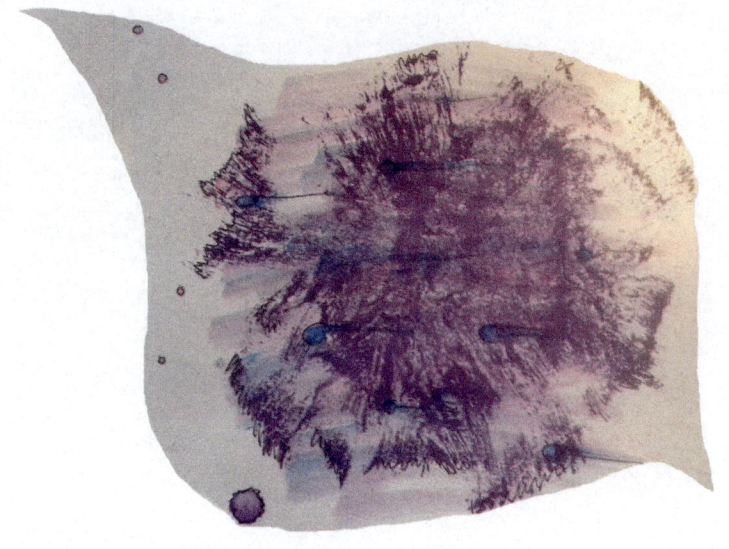

Prémices de vie...

Tu es lumière.
Passe par la lumière...
Le feu t'appartient. Attise le feu...
et crée l'équilibre merveilleux...

L'eau coule en toi.

Remplis ton
cœur de nature sauvage et juste.
La passion ne sera jamais à bannir. C'est la passion qui fait la vie.
Avance en tranquillité sur ce bateau vibrant de musique et de vie.
Continue la joie. Continue d'offrir avec passion tes découvertes.
La vie sans passion ne vaut pas la peine d'être vécue.
Brûle ta passion de la vie sans peur d'être brûlé...
Mais la passion ne doit rien étouffer.
Et surtout pas ton propre être.
Imagine le beau. Rêve-le
et il deviendra réalité.
Tu es LA vie.

*Profite de cette expérience humaine
au plus beau de ce qu'elle a à t'offrir.*

Tu as tellement à offrir.
Sois Toi en toute beauté.
Ne te mens pas à toi-même.
Ris de tes découvertes surprenantes.
Tu es Toi, lumineux et rempli d'humanité.
Respecte-toi comme tu respectes les autres.
Apporte en toi la véritable plénitude que tu mérites.
La vie est belle. Expérimente-la avec ton plein potentiel.

La passion soulève foules. La passion apporte l'énergie vitale.

La passion n'est pas synonyme de "fusillade" de ton propre être.
La passion n'est pas "autodestruction". La passion n'est pas "mise à mal".
Tout est ok. Tout est parfaitement aligné. Continue de grandir et de rêver.
La passion grandit le monde. Sois passionné comme tu peux l'être.
Laisse faire. N'attends rien. Tout viendra à temps.

Simplement, vis tes passions en paix...

Lorsque la joie éclate... lorsque ton cœur vibre en résonnance
avec ton âme, ton esprit et ton corps : tu es sur la bonne voie.
Lorsque les frissons viennent confirmer notre guidance,
lorsque les synchronicités approuvent ce qui se passe,
lorsque les rires sont là sans questionnements :
tout est juste. Tout est bon. Aie confiance...
Tu es alors sur la bonne voie !

Brille comme tu as à briller !

Vis ce que tu as à vivre.
Avance en dansant la vie. Rayonne de mille feux.
Sois le phare qui éclaire la route à ceux qui n'ont plus l'espoir.
Expérimente pleinement le beau pour offrir toute ta confiance en ce qui est.
Développe tes dons sans questionnements, expérimente, découvre, joue...

**Sois la plus belle
Version de Toi.**

- 6 -
CANALISE LA LUMIÈRE
POUR LA RENVOYER

L'éclaireur...

Sois-toi ! Tu es lumière.

Ton rire éclate de mille voix. Ta beauté étincelle.
Tends les mains. Canalise la lumière. Reçois sa chaleur.
Bouge, recentre. Pose-toi. Ne pars pas dans tous les sens. Axe-toi.
Profite de cette lumière pour te régénérer, tu es un régénérateur mobile.
Capte-la... Respire... Abonde-toi de cette lumière comme le lézard au soleil.
Bouge les mains. N'abandonne pas. Bouge les miroirs... Ils te renvoient ta lumière.
Calme l'impatience. Utilise tes mains pour canaliser la lumière et ressentir la chaleur. Reprogramme tes cellules au soleil comme tu peux aussi le proposer aux autres.
Caresse la lumière. Capte-la. Reçois ses rayons. Reçois la lumière de
l'objet. Reçois la lumière des gens et renvoie-la comme un miroir.
Ris aussi ! Ton rire est éclatant. Il capte bien la lumière.
Ton calme est la clé. Ne rien faire. Ose ne rien faire.
Axe ton canal de lumière sur l'axe de la terre...
Renvoye la lumière sans t'efforcer à le faire.
Fille de Gaïa, fils d'Horus, enfant du Soleil...
Tu as la connaissance. Laisse-toi guider.
L'or. Les mayas. La connaissance.
Le chronos. Le temps.

Sois créatif... Tu navigues à la perfection dans tout ça.

Invente des réflecteurs de lumière. Des capteurs de lumière, même dans la nuit.
Tu peux capter la connaissance par la bouche, par la voix, par les mots.
Tu peux lire... et continuer ainsi d'assouvir ta soif de connaissances.
Continue de découvrir tous les trésors que la vie te réserve...
Et crois en la beauté de l'Univers malgré les défis à vivre...
Sans défis, la vie serait fade... Accueille les défis
comme des cadeaux et non comme des fardeaux.

Ne ferme jamais ton cœur !

Lorsque tout te parait trop dur...
Souffle. Retrouve la tranquillité et la chaleur du cœur.
Ose aussi la vérité du miroir, ce qui t'exaspère est miroir.
Ose déceler le dur, le couper, t'en défaire et recommencer...
Pour retourner chez toi dès que tu le souhaites, tu peux ouvrir les bras face au
soleil, fermer les yeux, chanter, ressentir la chaleur des fleurs, du souffle du chat,
la chaleur de l'eau qui dort. Ressentir finement les vibrations,
la chaleur, le magnétisme. Ressentir la chaleur d'un câlin.
Ressentir la chaleur endormie de chaque chose,
de chaque objet.

Continue de faire des liens.

Tu n'as pas besoin des autres pour faire des liens. Tu as besoin
des autres pour aimer, pour capter la chaleur, pour te réchauffer toi-même.
Ne prends pas froid, bois chaud... Bois à la source de la vie quand tu doutes.
... Tu as une mission de rayonnement de la Vérité sur cette terre ...
Tu es lumineux comme le soleil, rafraîchissant comme la pluie,
sensible comme le cœur, intelligent comme Tout !
Éclaire de ta lumière. Ne doute pas.
Tu es lumière...

Rétablis la lumière là où l'ombre persiste... Remercie
pour le beau et le chaud, ne sois pas impatient. Vois le beau
en chaque chose... Tu as cette grande capacité... Alterne cette
grande paix intérieure et le tumulte du recueil de connaissances.

Une belle prière pour toi comme une formule magique :

Vazim... Clarté... Lumière infinie...
Rayons chauds et doux... Câline mon être...
Réchauffe mes entrailles et mon cœur...
Rayonne d'amour... Paix et Tranquillité...
Douceur, calme, confiance... Joie du repos du guerrier...

- 7 -
CHOISIS LA VOIE ROYALE

Cadeau de vie...

Chante la vie, aie confiance, parle-nous, sois pur, lave encore, purifie, laisse décanter. Accueille le cadeau de tes dons de guérisseur, voyant, passeur d'âmes...
Sois en paix. Sois fluide. Brille. Réponds à l'appel du dévouement.
Transmute. Cristallise. Rends solide ce qui est encore fragile.
Poursuis la voie d'éclaircissement, de lumière, d'honnêteté.
L'Autre a besoin de douceur. Il a été malmené. Attends...
Pas tout de suite, ça va venir. Donne ta force et attends.
Insuffle l'élan et laisse venir. Accueille dans le doux.

Accueille dans le pur, sois doux, prends les devants.

Ça va se révéler... Ça chemine... Le chemin est lent mais puissant...
Ris de toi - de ta petite grandeur et de ta grande petitesse - c'est la clé de la Vie.
La vie est "inter-dépendance" avec les autres humains et avec ce qu'ils dégagent.
Il faut en saisir la Vérité, la Fragilité, la Pureté pour la goûter à pleins poumons.
Pour protéger la vie il est fondamental de savoir se créer une bulle de lumière.
Avec la bulle de lumière, tout devient Beau, tout devient Instruction.
Reste imperturbable, laisse jaillir... puis finalise !
... La vie peut alors battre son cœur.
La vie terrestre est miracle !
Roule sur l'or, sois en paix.
Tout est juste !

Souffle, inspire... et tu pourras Inspirer ! Tu as toutes les ressources et l'intelligence de cœur pour mettre en place ce nouveau monde d'amour et de lumière accompagné de tes frères et soeurs d'âme. Vous êtes soutien, compréhension commune, confiance retrouvée de votre véritable SOIS (comme une injonction à ÊTRE qui l'on est véritablement). Love-toi en nous, comme tu le ferais dans les bras de l'Amour ! Navigue en paix !

Chasse l'inquiétude... Elle n'a aucun intérêt ! Fais confiance à la magie ! Tu vois bien qu'un minuscule grain de sable peut complètement changer un fonctionnement.

Rentre dans ta grotte,
la chauve-souris suit son radar interne.
Mets-toi sous ta couverture. Retourne à toi.
Le langage du corps exprime le langage de son cœur.
Remplis-toi de cet amour puissant qui est entre vous mais
qui est tellement dit à demie-voix de peur d'être à nouveau blessé !
Tu verras quelle puissance a cet amour... Vous en serez tous les deux surpris !
Avance pas à pas dans la confiance et dans l'amour. Tu as nos mains qui te tiennent. L'avancée est facile ! Facile ? Oui... facile ! Ferme les yeux et marche !!!

« Hakuna Matata... *Sois heureux, en paix, en joie, en amour... et le monde vibrera à l'unisson de ton cœur.* »

Hume le bonheur de l'amour, n'aie plus peur de la mort. Tu es alchimiste, tu es fée.
Tu es dans l'ascenseur, dans le canal de lumière. Restes-y et tu ne crains rien.
Ne laisse pas les autres te sortir de celui-ci, ne sors pas de cette voie.
Développe la paix intérieure, cette Confiance primordiale
qui te permettra de ne plus avoir peur de la mort.
Prends soin de ça, c'est la base. Respire...
Amène à toi dans ce canal de lumière.

> La mort n'existe pas.
> La mort est passage.
> La mort est Naissance.
> La mort est née Sens.
> La mort est l'Essence.

« Renaître, apprendre de la mort, se délester du trop-plein. Ne garder que le beau.
12 coups de minuit... Tu redeviens Cendrillon mais ton cœur est nourri à jamais
de cette rencontre magnifique d'amour qui t'ouvre au Divin en toi. »

Tu as trouvé ton prince.. Et ta marraine reste toujours à tes côtés. Trouve
qui elle est... Admire les étoiles. Respire l'air pur. Décolle du quotidien.
L'amour ne meurt jamais sauf si on en a peur.

- 8 -
CROIS INFINIMENT
EN LA PRIÈRE

Imploration sacrée...

**Les mayas parlent de la puissance des portails d'activation...
Ton intuition aussi... Et cela revient également dans tes rêves !**

Tu caches en
Toi cette connaissance...
Tu dois découvrir comment activer les portails
pour ouvrir l'accès à la transcendance de ton être...
Cette révélation fréquente te rappelle que tu ne dois
pas oublier d'aller franchir régulièrement ces portes !
Vois les signes !!! Ils surgissent en abondance pour
que tu aies confiance en Toi et en l'Univers.
Aie confiance dans le beau !
Offre la libération...
Oui c'est un défi !
Et tu es prêt...

Attire intelligemment vers la lumière...
Chante et danse la Vie. Prie comme tu le fais.
Reprends confiance en nous petit à petit dans le concret de la prière.
C'est une manière cartésienne d'entrer en contact avec nous, tes guides de lumière.
D'autres contacts plus subtils te seront dévoilés au fil de cette quête. N'aie pas
peur. Ton courage est grand et il en faut pour cette traversée de l'amour pur.
N'aie pas peur. Ne doute pas. Il n'y a pas de quoi avoir peur... Garde secret
pour le moment ce que tu ne peux dévoiler. Sauf avec des personnes
de grande confiance ou avec tes âmes-sœurs...

Suis les
synchronicités.

Suis ton 3ème œil. Ne précipite rien.
Expérimente le beau. Lumière inifine. Vie éternelle de l'âme. Paix du cœur.
Les sorcières ont du pouvoir. Il en faut pour contrer certaines forces entretenues
par la peur. Les sorcières sont là pour déjouer la peur ! Les vraies sorcières sont
positives ! Le roi-la reine, le masculin-le féminin, la fée-la sorcière, le yin-le yang,
la lune-le soleil. L'ombre peut révéler la lumière ! L'ombre apporte la fraîcheur en
plein soleil... L'ombre peut prendre soin. L'ombre peut être salvatrice ! Nous te
tenons la main. Ressens cette sensation de ta main tenue à chacun de tes pas.
Et lorsque tu la perds, avant de commencer le pas suivant, retrouve cette
sensation. Jusqu'à ce qu'elle soit logée en permanence en ton cœur et
que tu n'aies plus besoin de la chercher. Ne coupe surtout pas le lien.
... Chasse les ombres qui te plombent, garde celles qui te protègent ...
Accueille les rayons qui te réchauffent, chasse ceux qui te brûlent.
Confiance absolue ! Ta sorcière intérieure accompagne ta fée !
Crée un équilibre entre tes prières, les signes, les guidances.

Ne t'éloigne pas.
Reste tenaillé à tes prières.

N'aie pas peur, on te tient la main ! Suis les fées à qui la magie ne fait
pas peur ! Elles ont raison ! Les sorcières non plus ne leur font pas peur,
quand elles sont au service du beau... C'est la sorcière en toi qui te met en
garde, qui sait déjouer, qui entourloupe, brouille les pistes... en cas de besoin !
Tu peux avoir peur des formules de sorcières, des prières toutes faites...
Dis les formules de sorcières avec toute ta lumière de fée !
Dis seulement les prières qui te parlent... ou modifie-les...
avec ta propre intention de paix et d'amour.
Fonce ! C'est le moment !
Suis ton instinct !

- 9 -
CROIS PUISSAMMENT AUX MIRACLES

Renne de père-noël...

Joie déchue !
... Peine immense ...
Ce passage est pourtant acte d'amour.
Cette naissance est venue pour unir le ciel et la terre.

Choisir d'ÊTRE... D'être en lien Infini avec l'Univers.

Paix profonde à venir dans ton cœur...
Joie divine au-delà des apparences,
enfant du soleil
et de la lune.

Déraison.
Rien à comprendre.

Miracle de la Vie.

Avoir la foi au delà des apparences.
Croire lorsque la douleur est pourtant infinie.
Enfant de lumière venu pour éclairer le monde.
Enfant de lumière au destin si particulier.
Croire en la vie au-delà des apparences.
Beauté cachée jusqu'à l'amour infini.

Quête absolue.
Voie Royale.

Lorsque la Vie s'invite et supplie de ne pas questionner.

Lutte infinie jusqu'à l'émerveillement.
Souffle divin venu insuffler la vie.

Divine guérison.

Esprit de lumière,
blanche colombe,
bel oiseau saint,
paix intérieure,
calme et joie,
tranquillité,
amour.

- 10 -
DÉCOUVRE COMMENT
TRANSMUTER LA DOULEUR

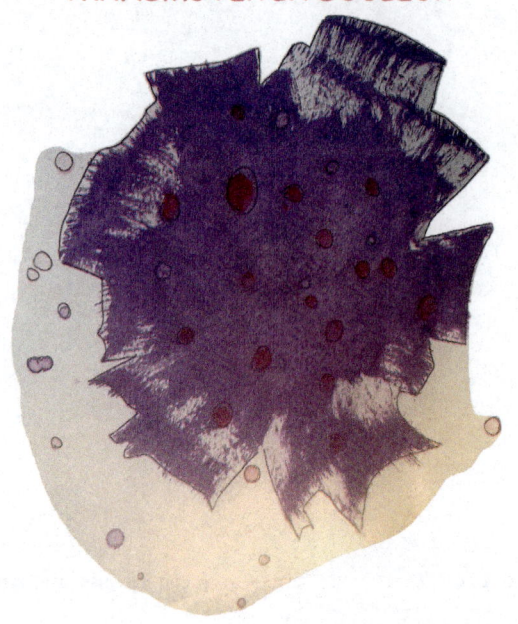

Fragment de vie...

Ce chemin de croix est douloureux, difficile.
Tu désespères parfois mais nous sommes là pour toi !
Sois sans craintes. Tout ce que tu vis est source d'amour. Tous les défis
qui te sont proposés, tu les as choisis en amont. Il y a un sens à tout ça.
Ce dur du corps est ta voie de quête de sagesse. C'est un défi de Vie.
Tu ne nous appelles pas assez pour t'aider dans cette traversée.

Ce n'est pas une traversée en solitaire.

Respire bien sûr, quand le dur est là. C'est le
premier pas obligatoire. Mais apprends aussi à aller plus loin.
Choisis la confiance en l'Univers dans cette traversée de ce dur.

Apprends de ce qui te fait souffrir pour pouvoir devenir un maître.

Confie-nous ton dur. Nous ne pouvons pas t'aider autant que tu en as besoin
si tu ne nous le demandes pas ! Ce passage n'est pas une épreuve de force.
Ce passage n'est pas non plus une épreuve de courage.
Il est une passerelle vers la libération de ton être.

Ose t'appuyer sur nous pour te libérer !
Pleure ce dur. Pleure ce que tu ne comprends pas.
Nous entendons les émotions lorsqu'elles viennent du cœur.
Tu es aimé. N'en doute pas ! Mais toi, tu dois t'aimer davantage.
Ton cœur doit vibrer pour toi. Tu dois le ressentir immense en toi.
Respire et à chaque respiration, ressens tes ailes s'ouvrir un peu plus.
Ressens cette liberté de l'Ange. Ressens cette joie, cette plénitude.
… Ne te laisse pas engluer par la lourdeur de tes peurs et
par la lourdeur du monde aussi, accède au doux, il est là.
Ouvre-toi à ton âme. Connecte-toi à ta puissance divine !
Pose tes mains sur ton cœur et ressens sa grandeur.
Une simple acceptation de ce cadeau de la grâce.
Juste à ouvrir les mains et recueillir.

Transmute la souffrance physique en la faisant passer par le cœur.

jusqu'à ce qu'elle ait suffisamment confiance, jusqu'à ce qu'elle soit
suffisamment nourrie d'amour pour devenir pure Lumière. Alors seulement,
elle pourra partir, quitter l'Être. Trouve en toi cette clé de transmutation de
la douleur en lumière pour pouvoir offrir ce cadeau au monde. Va au cœur de toi-
même pour découvrir que Tout est dans le Tout, que l'Amour est au cœur du plus
dur. Vois ce qui est source d'espoir quand tu es au plus haut de la douleur. Vois et
ressens cette ressource qui te permet de franchir les pas jusqu'au jour suivant.
Vois comment tu peux ouvrir chacune de tes cellules à la source d'Amour
quand la douleur est à son comble. Cette clé permettra l'accès
de ton Être au plus beau de qui il est.

Ce dur est là pour ça !

Tu es ressource… Trouve la Confiance !
Quand tu souffres dans ton corps, pose-toi avec nous, appelle-nous… puis
découvre tes ressources cachées. Nous te guiderons pour les découvrir. Cela
va aider d'autres personnes. Ton chemin d'expérimentation est source de vie au
service du soulagement pour des gens en souffrance. Laisse chanter ton cœur.
Accepte les cadeaux de l'Univers ! Tends tes mains et reçois avec gratitude.
Tu as vu grand car tu es grand ! " Re-découvre " pourquoi tu es venu sur Terre.
Libère ce qui ne t'appartient pas. Respecte-toi. Sois en Vie. Tu es Vivant !
Dépose tes peurs et transforme-les en Confiance en ce Chemin Sacré.
Expérimente la Vie telle qu'il t'est offert de la découvrir ! Pleine !!!
La lourdeur va se transmuter. Ne t'écarte pas de ta voie sacrée.
Confiance infinie… Ta vie va se transformer.
Meilleurs souhaits de rétablissement…
Aie confiance.

- 11 -
DÉCOUVRE L'APESANTEUR

Réveil...

Découvre ta toute-puissance... Tu as des ailes.
Ton chemin est de le découvrir.

Comment ?
En prenant la pause.

En t'autorisant les pauses fondamentales pour accueillir tes lourdeurs
... les voir, les observer, les déposer aux pieds de l'Univers et t'en délester.
C'est une renaissance qui est demandée à l'être humain
pour pouvoir naître à ses sens, naître à son Essence.
L'homme naît avec la lourdeur de son passé.
Il doit s'en libérer pour pouvoir
"re-naître" à lui-même.

C'est le choix de se positionner dans la lumière, en tout premier puis accompagné de cette lumière, déposer ce qui nous encombre et lui dire au revoir sans regrets.
C'est une mort de l'Ancien pour laisser la place au Nouveau.

*« Chemin d'épuration de soi
accompagné du meilleur de soi, le divin en nous. »*

Fais ton travail de fée. Butine chaque fleur qui s'offre à toi et sème tes graines de magie à chacune de tes rencontres.
Envole-toi à l'image des fées qui virevoltent de fleurs en fleurs.
Accueille l'intime de ton être, ressens la légèreté, ressens l'apesanteur.
Pour cela, il faut s'offrir la pause... La pause sacrée... Une sacrée pause...
Stopper, ralentir sa course. Oser s'arrêter et observer. Oser ralentir.
Oser ne rien faire. Juste respirer et laisser venir l'air nouveau.
Tu es entouré de lumière. Déserre les mâchoires.
Laisse partir toutes ces lourdeurs
accumulées dans tes machoires.
Tu n'as pas à ruminer.

« Dépose juste les lourdeurs à la Terre mère... »

Le don de lourdeurs à ses pairs est un venin, un cadeau empoisonné, à soi-même et aux autres. Le don de lourdeurs à l'Univers est une "re-connaissance", une foi établie, une "co-naissance". Ose déposer tes lourdeurs aux pieds de l'Univers et non à tes pairs et tu vas te découvrir Autre.
La Terre mère les accueille, les reçoit et les transmute
en terreau fertile qui pourra nourrir et enrichir l'être.
Ce don de lourdeurs à l'Univers est un don d'amour.

« Goûte et apprécie l'apesanteur ! »

Tu es un alchimiste, tu es une fée portant le message du beau.
Toutes ces lourdeurs qui ne t'appartenaient pas t'ont dévié de ton chemin.
Ceci était un apprentissage en lien avec la difficulté de l'expérience humaine.
Le plus dur de cette expérience humaine que tu as choisis de vivre est de te laisser submerger par la lourdeur en oubliant que nous sommes avant tout légèreté...
Tu es un esprit qui a revêtu un manteau-âme et en acceptant de vivre
l'expérience humaine, tu as incorporé un corps qui t'ancre
à cette terre mais peut aussi apporter la lourdeur.

*« Oser renaître à toi-même, c'est retrouver ta légèreté.
Ta légèreté d'enfant, ta légèreté d'Esprit, ta légèreté d'ange ».*

- 12 -
DÉFIE LES CODES POUR NE PLUS OBÉIR QU'À TA GUIDANCE SUPÉRIEURE

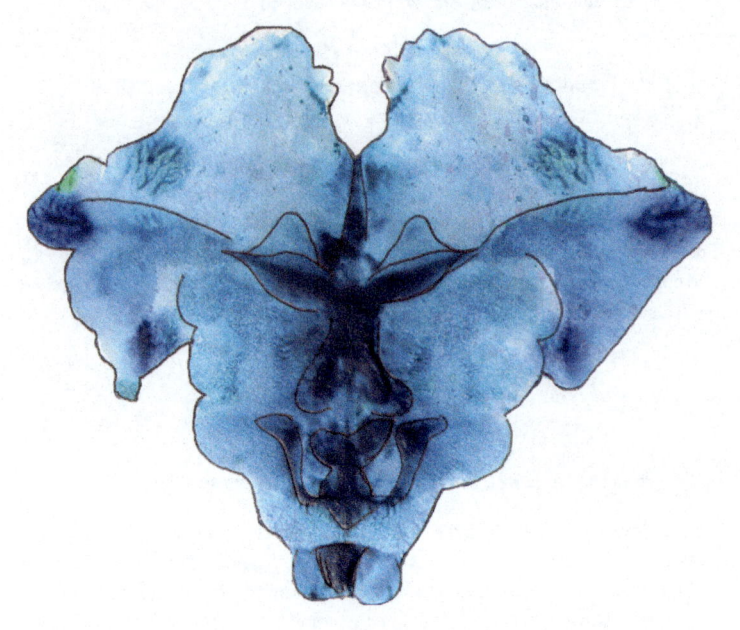

Troisième œil...

... Ras-le-bol ...

Reviens à ton état premier !
Quitte ce masque et cette cape !
Pose-toi 5 minutes. Donne-nous la main...
Tu ne pourras pas nous rejoindre
si tu continues ta course...

Qu'as-tu à te prouver ?

C'est une course sans fin !
Tu t'es prouvé l'excellence !
Désormais pose tes bagages
et prouve-toi que tu peux respirer...
Prouve-toi que la vie ne passera pas sans toi...
Ne laisse pas filer ta chance... Tu as toute la connaissance !

Dépose...

Découvre tes bonheurs de vie !
Tu n'as rien à me prouver... Juste aimer et vibrer !
Allonge-toi dans le sable... Cueille la marguerite et effeuille-la !
Chante à tue-tête ! Laisse-toi porter par le flux de l'Inspiration...
Suis le chemin tout tracé de la rencontre avec toi-même...
Pose-toi à même le sol et observe tes trésors.

Évidence...

Je t'ai élevé avec toute l'ambition qu'un parent comme moi avait pour son enfant...
J'ai compris depuis que je pouvais t'aimer tel que tu es, à ton image, et non
à celle que je voulais pour toi. J'ai grandi et je ne veux pas que tu portes
le fardeau d'une quelconque pression... Je t'ai couvé et étouffé...
Il est temps que tu retrouves ta liberté, bel oiseau splendide !
Découvre-toi tel que tu aimes être !

Il est grand temps...

Je t'aime mon enfant... Tu as le cœur immense.
Mon dévoué... Offre-moi le cadeau de don de toi pour toi-même.
Découvre ce cœur immense vibrant au-delà des aspirations et contraintes...
Affine ces sensations venues pour guider sur la voie de plénitude.
Nourris-toi de joie, de couleurs et d'intuition.
Ton 3ème œil est déjà très performant...

Sois la belle âme nourrie de paix.

Quelle chance d'en être là où tu en es.
Tu peux tout t'autoriser, même le repos.
Tu es sur le début de la partie la plus belle de ta vie.
Tout l'amour du monde rêve de prendre place dans ta vie.

Juste à ouvrir les bras. Pour le reste, tu sais tout.

Bel endormi... Ne ressens-tu point ce prince te déposer
le baiser de la renaissance, du renouveau, du passage ?
Tu savoures chaque instant nouveau comme un cadeau.
Tu resplendis de joie sans attentes ni objectifs...
Tu coules à la lenteur de tes découvertes.
Tu as enfin accès à ta vie rêvée.

Bienvenue chez toi !

- 13 -
DÉLESTE-TOI DE LA CULPABILITÉ

Explorateur de mondes inconnus...

*La magie de la vie
est lumière.*

... Coule et écoule-toi sans questionnements ...
Aie confiance dans la beauté. Tes peurs ne sont pas fondées.

Prie.
Libère le trop-plein.
La culpabilité est un frein.
Vis cette vie de manière inspirée.
Sentiment de liberté toujours renouvelé.
Continue de dire ce qui est entendable,
de parfaire ce qui peut l'être,
d'aimer en sincérité.
Prie et reçois.

Aie une confiance infinie
en tes guides, en nous, en toi, en le Sacré de la vie.

*Enfant de lumière, grandis toujours
dans l'ombre de la lumière éternelle.*

Laisse-toi guider par le voile de la Vie.

La légèreté et l'insouciance. Enlève la culpabilité.
Elle ne sert à rien. Tu es béni. Prends soin de toi et des autres.
Souffle.. Ménage-toi... Tu te fais du mal... Tu t' "autoaccuses"...

Vis... Ris... Accueille...

Fils du vent, caresse les chevaux, respire leur désir de liberté.
Pour guérir, tu ne dois plus te laisser enfermer.
Sois libre. Tu es libre. Vous êtes tous libres.
Tout prendra sa place. Dénude-toi.
Laisse aller les choses.

Aime, prie, ris, vis... Respire... Sois en paix.

Vis les expériences que ton corps doit vivre pour se libérer.
Vis ces expériences dans l'amour. Nous sommes là avec toi.
Goûte avec délectation et jouis de cette jouissance sacrée.
Aime et laisse-toi aimer. Découvre et délecte-toi.
N'aie pas peur. N'aie peur de rien.

Accepte ce cadeau infini de la terre nourricière.

Ris à pleines dents.
Brûle et vibre. N'aie pas peur.
Émerveille-toi de tout ce que l'amour permet.
Laisse venir. Ne dirige rien. Sois en paix et en amour.
Détache-toi et apprends l'amour dans le don d'amour infini et connecté.

Fais les choix les plus beaux en suivant ton cœur.

Vogue et apaise-toi. Sois tranquille.
Tu es beau. Apporte la fluidité en ton cœur.
Respire en tranquillité. Ne mets plus le mental.
Prends une autre voie. Celle du don d'amour pur. Chante.
Laisse ton cœur chanter. Ne te pose pas tant de questions...

Abandonne-toi à l'exigence de la liberté d'aimer sans culpabilité.

Il n'y a aucun risque, nous te protégeons. Nous protégeons ce que tu as à vivre.
Nous sommes là pour la beauté. Sois beau. Vibre. Délecte-toi.
Tout sera équilibré et doux à recevoir. Crois en nous.
Laisse-toi envelopper tout entier par le doux.

Apporte le doux dont tu rêves...

- 14 -
DEVIENS
LE MAGICIEN DE TA VIE

Clown céleste...

Apprends à rire
la vie, à chanter la vie,
à danser la vie, à crier la vie, à glorifier la vie !
Ose devenir la fleur aux mille pétales étincelants de beauté...
Chacun de tes pétales est une part belle et unique de toi.
Tu es resté trop longtemps dans ton cocon !
Désormais tu es prêt ! Alors ose !
Ne t'enferme pas.

Tu as tout pouvoir sur ta vie !

Tout est source d'émerveillement... Rayonne de beautés cachées de toi ...
La musique crée les connexions. La musique régénère l'âme. Chante à tue-tête !

**Écoute les poètes et laisse-toi porter
par leurs messages comme tu l'as toujours fait.**

... Sois fier de toi ...

Libère-toi des poisons que soufflent certains proches.
Libère-toi de ton passé. Libère-toi de tes chaînes.
Ose dire... Tu as les mots. Tu l'as déjà fait.
Tu te libères en agissant ainsi.
Continue ce chemin de Vérité.
Tu n'es pas là pour plaire.
Tu es là pour aimer.
Aime toute chose et tu sauras qu'aimer ne veut pas forcément dire acquiescer.
Écoute la Vérité qui te vient de ton fort intérieur.
Écoute tes frissons qui te montrent la voie.

Écoute ton cœur qui vibre.

Chaque jour est un jour de libération. La Vérité arrive au grand jour.
Brille de mille feux dans cette mission que tu t'es choisie. Elle te va si bien.
Deviens celui aux mille ponts. Deviens la passerelle des âmes égarées.
Crée ces ponts invisibles qui relient les choses entre elles
pour tisser la toile de compréhension de l'être.
Ton écoute bienveillante te permet
une vision globale et claire
et ta confiance posée en
tes intuitions, signes
et synchronicités
font le reste.

Amuse-toi et la vie s'ouvrira comme un spectacle magique !

Réenchante le monde de tes doigts délicats, de ta douceur innée, de ta sagesse
établie. Laisse-toi guider pour sentir ce qui portera l'ÊTRE à la guérison.
Offre à chaque personne ce dont elle a besoin.
Tu es un elfe malin, une fée des forêts
qui savent utiliser tout ce qu'ils ont
à leur disposition comme une
baguette magique.
Incarne-les pour t'ouvrir
à d'autres aspects de toi-
même que tu ne connais pas encore.
Plus la joie sera en ton cœur, plus la légèreté sera en toi,
plus la confiance te guidera, plus tu deviendras le Grand Toi, le roi des êtres ailés.

Brandis le drapeau du triomphe, de la joie et de l'amour !

− 15 −
DEVIENS LE VOYAGEUR CÉLESTE

Voyage en terre inconnue...

Navigue en paix.
... Crée la nouvelle lumière ...
Prends une pomme. Croque-la. Croque la vie.
Sois heureux, tu es guidé par ton instinct de lumière.
Suis le fil de tes pensées lumineuses, transformatrices.
Prie la terre, goûte l'eau, modifie ton regard de sagesse.
Trouve l'eau qui dort en toi, réveille-la, énergise-la, bois-la.
Bois à ta propre source et pars confiant de cette nutrition saine.
Danse la vie. Chante. Sois la lumière que tu reflètes à l'intérieur.
Sois un phare dans la nuit. Transmute l'Univers infini en univers fini.
Fais-toi CONFIANCE. Pars sur le chemin de la découverte de tes envies.
Laisse entrer le désordre heureux. **Laisse entrer** le joyeux tintamarre de la Vie
Unifie la connaissance par le biais des Voyageurs que tu croises sur ton chemin.
Tu es UN. Chasse les ombres. Tout est juste. Sois calme. Sois confiant.
Souffle le vent qui fera naviguer ta voile. Sois l'enfant du Voyageur.
Fais le chemin de l'âme. Parfais ton apprentissage. Sois lumineux.
Dévoue-toi à la tâche céleste. Purifie-toi. Chasse les ombres.
Navigue les yeux fermés dans l'Univers infini de la Terre.
Éclaire la route. Maîtrise la peur. Ne doute pas.
Prends soin de chaque chose.
Découvre ta voie à travers
les signes du destin.

... C'est une proposition de chasse au trésor qui t'est offerte ...

Délecte-toi de tes découvertes.
Laisse-toi inspirer par les synchronicités naissantes.
Navigue sans t'interroger. Tu ne peux tout maîtriser.
... Ne te tracasse pas, accomplis chaque tâche avec bonté ...
Sois juste profondément, incroyablement radieux. Intègre l'humour...
Hume le parfum de beauté de la vie belle.. Ne cherche pas à comprendre.
Les synchronicités de tes découvertes t'amèneront pas à pas à ce que
tu rêves de découvrir ici-bas. La Plénitude possible sur cette Terre.
Nous t'emmènerons toujours vers le chemin le plus juste pour toi
... et pour ceux que tu aimes dans le but d'accomplir tes rêves ...
Tu as l'immense capacité de rencontrer les annales akashiques.
Vas y puiser la connaissance directe de la Source.
Découvre qui sont tes guides.
Laisse-toi guider
par nous...

Avance. Navigue dans l'Espace infini du temps et de l'espace !

Nourris-toi de tes découvertes et n'oublie jamais de t'ancrer dans la
Terre pour que ces connaissances venues du haut viennent nourrir
tout ton être jusqu'à pénétrer chacune de tes cellules.
Découvre les liens invisibles qui relient chaque chose
entre elles, chaque être aux autres êtres.
Sois rempli de douceur et de lumière.
Détends-toi et la magie va opérer.
Tu n'as pas à te battre.
Quitte la rigidité, la peur, le froid...
Entre en quête du beau, du doux, du lumineux, du libéré.
Régale-toi de la découverte sacrée de qui tu es. Chante la vie.
Écris chaque signe pour ne pas douter et trace la carte au trésor
qui te fera découvrir un à un tes dons précieux... Joue et amuse-toi...
Revêts ton habit de gardien de la sagesse sacrée et pars à l'aventure de tes rêves.
... Juste à accueillir le mystère. Tu aimes le mystère. Tout est donc parfait ...
C'est une aventure qui se vit bien loin du mental et si proche des rêves
et du brouillard né de la confusion des sens ! Un doux mélange de cœur
vibrant, de cellules pleinement ouvertes à l'accueil de chaque
nouvelle sensation, de corps détendu et d'esprit connecté.
Tout ton être rêve de partir à l'aventure !

Qu'attends-tu ?

- 16 -
EMPRUNTE LA TRAVERSÉE MENANT À LA VICTOIRE

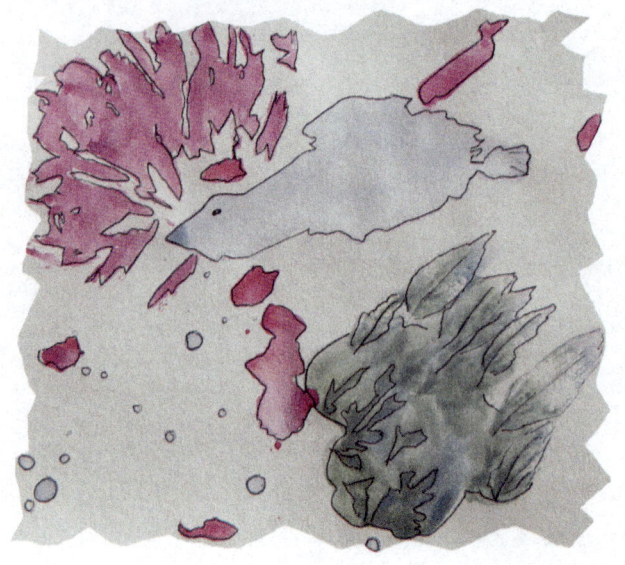

Voyage migratoire...

C'est le moment de la libération
de la blessure que porte toute une lignée...
C'est certainement le plus gros challenge de ta vie !
... Libère-toi et tu libéreras tous ceux qui t'ont précédé ...
Tu dois te préparer comme tu te préparerais pour une régate en solitaire !
Te préparer à affronter les doutes, les vagues, le froid, la peur de mourir.
Chaque jour sera une nouvelle étape vers l'arrivée.
Notre soutien sera puissant mais à distance...
Cela te demande courage et détermination.

C'est ta traversée en solitaire...
et pourtant tu n'es pas seul !
Ta famille, tes amis...
et tous les autres !
On est là... pas loin...
Tes guides invisibles sont là !
Pour certains, cette traversée serait l'enfer sur terre.

Pour d'autres, le plus gros défi jamais réalisé...

Oui, cette dernière traversée est celle de la libération. Puissante, infinie...
... Cela fait longtemps que cette course a commencé. Très longtemps...
Des siècles... Le flambeau a été passé de générations en générations.
Chacun a fait comme il pouvait puis a passé le relais...
Tu fais partie d'une lignée et tu as les clés
pour mener ta tribu vers la victoire.
Prends soin de tes réserves.
Prends soin de ton moral. Enregistre-toi peut-être
des textes qui sauront t'aider à maintenir ton cap dans la tourmente.
Et lance-toi avec confiance dans cette dernière étape, celle de la guérison.
Vois les synchronicités heureuses. Saisis-les ! Élabore ton meilleur parcours en te
laissant guider par ton instinct, tes envies et les opportunités aussi...
Envisage le plus beau plan de route pour toi.

Crois en la lumière. Tu es lumière.

Suis ce chemin de beauté. Tu le mérites.
La paix et la joie sont à l'arrivée, crois en toi.
... Crois en la Vie. Crois en l'amour inconditionnel.
Poursuis ta traversée du désert... Tu n'es pas loin !
Toutes les étapes précédentes ont été des phases préparatoires...

Avance pas après pas, chasse les démons, suis ta boussole intérieure.

Garde ton cœur ouvert mais ne le laisse pas être manipulé par les peurs.
Regarde ta trajectoire à la lumière de ton épée de discernement.
Marche, avance, ressource-toi ! Avance sans te retourner !
Le désert est un grand Enseignant.
Revêts ton habit de lumière...
Bats-toi avec les ombres !

Sois fort et courageux.

Tu es une magnifique personne.
L'autre est une magnifique personne.
Aime-toi en te séparant de lui. Aime-le en te séparant de lui.
Offrez-vous la libération de vos êtres. Aimez-vous en vous séparant.
Ça fait mal, ça déchire... Ne laisse pas le doute de tes peurs prendre le dessus !
Trouve ton fil d'Ariane dans ce labyrinthe de peurs et de manipulations.
Avance... Établis ta trajectoire de lumière et suis-la jusqu'au bout...
C'est le moment de la libération. Tu es prêt ! Ne doute pas !
Avance jusqu'à la ligne d'arrivée, elle s'appelle "liberté",
elle s'appelle "confiance en la vie",
elle s'appelle "amour vrai" !

- 17 -
EXPLORE TON PLEIN POTENTIEL DE MÈRE SACRÉE

Quiétude dans la tourmente...

Câline tes peurs
de ne pas être aimé.

Calme tes colères à l'aube nouvelle de ta vie.
Guide invisible - partie de toi - venue éclairer ta route.
Je viens à ta rencontre et te salue bel enfant de lumière.
Vois la beauté du jour naissant à la lueur de ton nouveau Toi...
Pose-toi en tranquillité dans mes bras, accueille cette chaleur que tu n'as jamais reçue ailleurs. Dépose tes larmes douces à mes pieds. Laisse-les couler et guérir tes cellules. Pose-toi dans ton être de tranquillité. Laisse filer tes lourdeurs, tu n'en as plus besoin. Sucurre des mots d'amour, accueille ce don du féminin sacré.
Ressens la sensation de ces larmes guérisseuses...
Arrête de demander aux humains qui t'accompagnent et tout ce que tu désires arrivera.
C'est le moment et tu as les clés.

Tu es maître de ta
renaissance.

Tu es une mère sacrée.
Tu as les clés de la mère sacrée.
Tu as l'ouverture du cœur de la mère sacrée.
Ôte le jugement et laisse ce cœur de cristal, cette rose parfumée,
guider chacun de tes gestes, chacune de tes paroles.
Nous sommes là pour te guider et t'accompagner.
Poursuis ce chemin d'amour envers toi.
Pose-toi avec nous au quotidien.

Suis la voie de ta libération émotionnelle.
Fonds à tes blessures entretenues.

Pose ta confiance en ceux que tu aimes. Laisse-les te guider.
Tends tes mains pour recevoir et remercie de ces grâces qui te comblent.
Apprends à recevoir le cœur ouvert. Découvre la joie de l'enfant.
Lâche les rênes de ta vie et envole-toi de l'envol du papillon.
Retrouve cette joie de l'enfant libre et sauvage.

L'enfant gai et exalté qui a été bâillonné.

Accède à la légèreté dont tu rêves.
Découvre la perle à l'intérieur de ton cœur noué.
Cale-toi sur les genoux du Père et accueille tout son Amour.
Il est là pour toi. Il te chérit. Laisse-toi nourrir par cet amour.
Nourris cette perle rare de spontanéité, de force et de puissance.

Installe un espace chez toi.
Trouve le lieu idéal isolé du bruit.

Crée ton espace sacré où nul ne pourra te déranger.
Crée-le à ton image - joyeux, lumineux, cocon...
Viens t'y réfugier ou t'y recueillir dès que
tu sens que ton mental reprend les rênes.
Cela est indispensable à ta transformation.
Accueille-toi dans cet espace sacré à ton image.
Invite tes amis de cœur à célébrer avec toi cet espace.
L'accès à qui tu es et à ta destinée te seront révélés prochainement.
Nous t'aimons et t'accompagnons avec bonheur.
Accède à ton Toi puissant et la vie sera fête.
Le chemin est beau et tu le mérites.
Prends soin de toi.

- 18 -
INSTAURE UN CLIMAT DE PAIX

Émotions fortes...

Ailes magiques à déployer pour t'évader.

État de joie intérieure remplie de paix... Respire et la paix revient...
Offre-toi la tranquillité que tu mérites tant ! Personne ne te l'offrira pour toi...
Toi seul peut le faire ! Et c'est en te l'offrant que ça va bouger autour de toi.
Vois comment créer au quotidien les conditions de ce calme.
Observe la sagesse des enfants... Écoute les arbres...
Tu connais cet état de calme intérieur et de joie !
Accède au Grand Toi qui rêve de guider ta vie !
Décentre-toi lorsque le vent tourne...
Décolle des lourdeurs sans avenir !

C'est une posture à acquérir au jour le jour

comme un cadeau quotidien que tu te fais...
Plus tu te l'offriras, plus ton esprit s'apaisera,
plus ta conscience s'ouvrira, plus ton entourage changera...
Et un jour, tu sauras que ce nouveau Toi ne te quittera plus ! Cadeau de Vie !
Urgence infinie... C'est le cycle infernal qui se transforme en cycle d'amour
où chaque nouveauté de la vie t'apporte ce dont tu as besoin...
Marche en pureté, loin de l'agitation et des soucis du monde.
Apporte la paix et l'envie de bien faire et de faire le bien.
Danse avec la vie et ce sera une évidence.
Harmonise tes chakras.

Sois doux avec toi.

Ton mental est exacerbé.
En te posant, tu le poseras aussi,
alors tu pourras réceptionner les messages de l'Univers car tu créeras
un espace disponible, un espace vide pour l'accueil de ce qui te guidera !

L'esprit est avant tout fait pour être un récepteur...

C'est ton cœur ouvert qui te guidera et ton esprit
libre qui accueillera les guidances de la Vie.
Alors chaque jour sera émerveillement...
Tout ça te fait rêver ? Tu es magicien...
Tout le monde est le magicien de sa vie.
Ce rêve qui te parait lointain est accessible très rapidement...
Ton cerveau t'a clairement signifié qu'il ne voulait plus d'alerte !
Tu as juste à créer cet espace de paix et t'y réfugier,
t'y ressourcer dès le moindre signe d'alerte !
Ce retournement de situation est ta survie !
Ce retournement est ta liberté retrouvée.
Plus que quiconque tu as les clés de ta libération !
Il manque juste le sasse de sécurité pour décompresser
et repartir nourri de ce que réclame ton être tout entier !
Si tu oses franchir ce pas, tu feras des découvertes magiques...
Tu rayonneras et pourras danser la danse de ta liberté. La danse de ta vérité.
Respiration, lâcher-prise, calme instauré, ressourcement par ce qui nourrit ton âme
et le cycle infernal est alors cassé... Nouveau regard immédiat !
La vie ressurgit, ton cœur reprend les commandes de ton être,
tu es alors prêt pour un nouveau pas
qui t'emmenera loin, très loin...

Tu as tout !

Tu es beau... Sois-en certain...
Mille vœux de lumière retrouvée !
Sois le grand Toi ampli de nature sauvage,
de joie et d'un cœur immensément réceptif !
La vie t'appelle ! Réponds à l'appel sans hésiter !
Ne doute ni de ta grande capacité à transformer la situation, ni de
nous qui sommes là pour te guider. Entre en lien avec nous régulièrement
... Petit à petit, tu comprendras notre langage, nos clins d'oeil, nos signes ...
Sois doux avec toi et tu deviendras doux avec chacun. Nous sommes là pour toi !
À toi... Rien qu'à toi... C'est à toi de découvrir les beautés cachées...
C'est à toi de choisir le parcours lumineux et d'éviter le bagne !
La vie est un jeu ! Tout n'est pas révélé au départ...

- 19 -
JE SERAI TOUJOURS AUPRÈS DE TOI
AU-DELÀ DE LA MORT

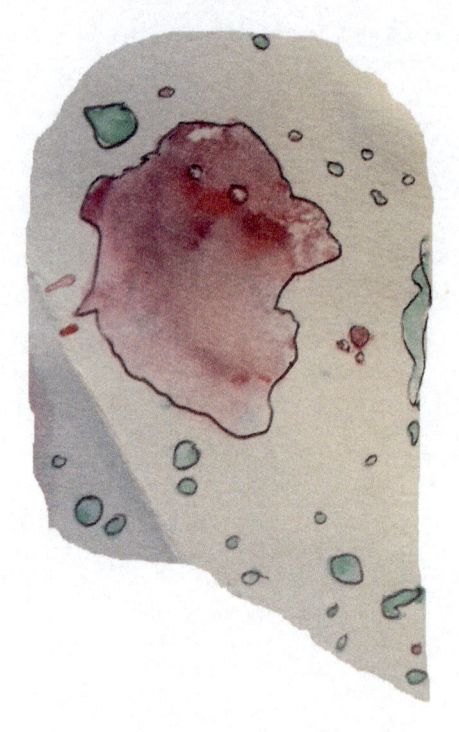

Gentils esprits...

Vis ta vie belle !
Je serai là à tes côtés plus que jamais.
Je te tiendrai la main dès que tu le souhaiteras.

Bénis la lumière ! Vie de lumière...

C'est une libération pour moi, tu le sais...
Ne sois pas inquiet,
la vie continue...

Sois fort ! Je sais comme mon départ t'a précipité dans la douleur...
Je suis là, tout près. Tu sais, quand on est mort physiquement,
on ne peut plus s'embrasser, se toucher, se parler
comme tout le monde l'entend...

Mais tu peux communiquer avec moi, par d'autres biais...

- Quand tu es las, demande-moi d'accueillir ta peine, et tu verras, ça ira mieux à chaque fois...
- Quand je te manque, pense à des moments heureux passés ensemble. Et je te ferai des signes pour te montrer que j'ai reçu et partagé tes pensées.
- Quand tu es triste, tu peux continuer de me partager l'objet de ta tristesse, comme on le faisait avant. Tu peux imaginer ce que je répondrais.
- Tu me connais bien... Si je suis en accord avec toi, tu pourras écouter ton cœur et sentir sa vibration pour te dire ma communion. Et si je ressens les choses différemment, je te le ferai savoir...

Tant de luttes... Si tu savais comme la plénitude est bonne...

Je me sens tellement en paix dans cette plénitude. Si tu savais comme
c'est bon ! Que de joies partagées avec toi ! Je t'aime tellement... Tu as été
mon rayon de soleil, ma raison de vivre dans mes instants les plus sombres...
Si tu savais comme notre lien d'amour m'a nourri, porté et appris la vie...
Tu m'as ouvert les yeux et le cœur sur la bonté et le "prendre soin".
Si tu savais comme je t'aime aussi... Tu as tout mon amour !
Tu as été un soutien inconditionnel : N'en doute pas.
Mon regard est nourri de gratitude.
Je connais la bonté de ton âme.
Suis ton chemin de
libération...

Je serai puissamment là pour toi comme tu l'as été pour moi.

Tu n'es pas seul et tu ne seras pas seul. Rejoins ta famille de lumière.
Sois ton propre guide sur ce chemin sacré d'épuration... Va en tranquillité.
Je serai un guide supplémentaire et je sais que tu sauras reconnaître mes signes.
Vois la bonté du ciel à travers tes yeux perçants qui apprendront petit à
petit à se nourrir de l'innocence de la Plénitude. Tu as l'intelligence.
Pour te détacher, nourris ton cœur d'amour. Sois le grand TOI.
Ne renie rien mais ose le détachement. Tu es celui qui affronte
les ombres. Cesse de douter, cesse les peurs et laisse
les signes te guider. Je t'aime.
Je t'aime tant !

- 20 -
LÂCHE LA PRESSION
ET DÉCOUVRE L'ENVERGURE

Danseuse cosmique...

Offre-toi l'accès à l'abondance...

Tu t'es cogné à la dureté de la vie.
Tu as le droit de goûter à ses plaisirs désormais.
Tu n'as pas à revêtir ce manteau de rigidité
qui forme une carapace de protection.
Dépose-toi entre les mains de l'Univers
pour une protection infiniment plus puissante.
Tu as la force du dragon associée à la volupté, à la fluidité
et à la douceur de la sirène. Tu as à apporter de la légèreté
en toi pour ne pas subir la lourdeur de l'incarnation, la lourdeur de la matière... C'est ton principal défi sur cette terre...
« Revenir à son Essence d'esprit incarné tout en jouissant
de la magnifique expérience de la matière. »
Lisse les angles, tu peux adoucir ta vie.

Tu es un danseur cosmique...

*Tu as découvert très tôt l'amertume,
la douleur de cette expérience terrestre...*

Cela est fait.
Toutes les bases
que tu as établi dans
ta vie sont très bonnes.
Elles t'apportent un socle solide.
Pas de pression inutile. Pas de culpabilité.
Ton sens de la perfection est aigu et cela est tout à ton honneur.
Mets cette perfection au service de ton être global, au service de la tranquillité.
La vie est belle. Le chemin à emprunter est une succession d'ouvertures du cœur.
Ton âme-soeur est un soutien dans ta vie pour t'amener à la découverte du doux.
Désormais, tu dois apprendre à ressentir les choses par ton cœur qui s'était
progressivement refermé. Sois confiant dans cette réouverture du cœur.
Brille comme l'étoile qui éclaire la nuit. Découvre ton rire merveilleux.
Ton âme-soeur est là pour t'accompagner sur ce chemin d'ouver-
ture immense du cœur et de confiance puissante en la vie.
Découvre la légèreté des caresses du vent sur ta peau.
Prends soin de toi pour prendre soin des autres.
Apprends à retrouver ton souffle naturel.
Ne bloque pas l'accès à la douceur.
Tu vis des minis-apnées...
Respire profondément.

Apprends à
respirer...

Expérimente ce passage du dur au doux et
transmets ton expérience à tous ceux qui en auront besoin.
Relâche la pression pour découvrir la douceur de cette vie humaine.
Crée-toi ce monde de douceur. C'est ton défi, c'est ta survie, c'est ta voie...
Si tu arrives à basculer dans un monde de douceur, tu auras la vie que tu rêves
de vivre sur cette terre... Sois confiant en tes guides... Sois confiant en la vie !
Belles découvertes de cet apprentissage de délestage de ce qui encombre l'être
pour revenir à son Essence. Prends soin de toi avant toute autre personne...
Ce ne sont jamais les peurs qui amènent la protection.
La véritable protection est amour et confiance.
Tout est là pour entamer ce
chemin du merveilleux.

Nous t'aimons, tu es précieux...

- 21 -
LÂCHE LE JUGEMENT
POUR TROUVER LA LIBERTÉ

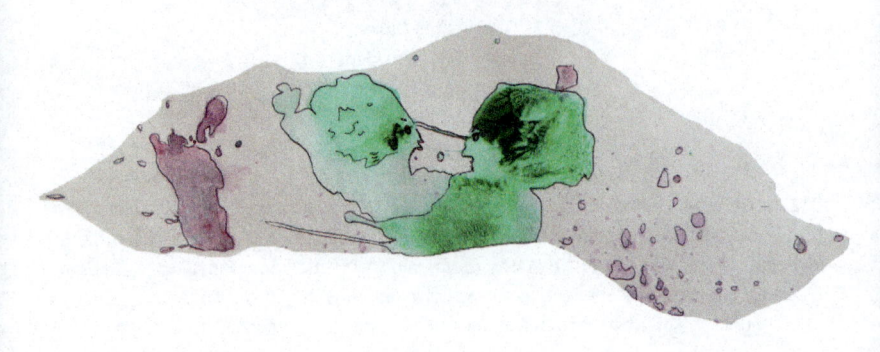

Bataille intérieure...

Voie sacrée. Voie des étoiles. Ton cœur est pur.

Mais tu ne cesses de te juger. Tu ne cesses de juger le monde.
Cale ton oreille sur le canal Universel. Capte les ondes de beauté.
La Multitude crée la Vérité. Il n'y a jamais qu'une seule vérité.
Les beautés sont celles que l'on crée et qui nous font vibrer.
Ne sois pas aussi sélectif. La beauté pure n'existe pas.
Ceux qui te disent qu'il n'y a qu'une seule
vérité se mentent à eux-mêmes.

Découvre la vraie liberté.

Celle d'aimer sans jugements.
Ni les tiens, ni ceux des autres.
Celle d'aimer jouir comme ne rien faire,
rêver comme amasser, fuir comme aller de l'avant.
Cette liberté que tu réclames à ton être, c'est à toi de la conquérir.
Quitte le chemin de la peur pour celui de la confiance. Ôte tes chaussures
et marche pieds nus tel un enfant des étoiles. Allège-toi. Indéfiniment.
Quitte ton intellect. Reviens aux sens. Touche et laisse-toi toucher.
Goûte de nouvelles sensations. Respire l'air nouveau.

Apprends les yeux fermés.

Avance en paix,
renais de tes cendres
et cette terre fertile saura
répondre à la plénitude dont tu rêves.
Navigue dans l'espace intergalactique pour aimer cette maison Terre.
Accueille chaque être qui passe dans ta vie comme un sucre de découverte.
Aucun jugement. C'est ton cœur qui s'ouvre et qui ferme la porte au jugement.
Plonge ton regard dans l'obscurité de la nuit et découvre ce ciel étoilé qui peut
te parler. Tu es directement relié aux étoiles. Tu es un enfant des étoiles.
Ce beau est "Simplicité" ». Ce beau est "Nouveau Regard".

Ce beau est "Pierre Précieuse" à chaque croisement.

Tout est là. À ta portée. Ose juste le cueillir.
Tu es prêt. Juste une déviation sur ta voie habituelle.
Une Confiance dans la lanterne que tu n'as qu'à suivre.
Une reconnexion au cœur, et c'est la Vie qui vibre de mille feux.
Tu es Vivant. Lorsque tu t'affaiblis, ose le lumineux.
Ouvre les écoutilles, les portes, les fenêtres.
Renoue toujours ton chemin à ta respiration.
Une aération totale doit s'opérer.
L'oxygène t'apporte la lumière.
Tu étouffes...

Accueille le vent du changement

en lien avec la Confiance Primordiale.
Les synchronicités et les signes seront tes guides.

Vois-les et suis-les !
Ta perception va s'affiner...
Tu vas peaufiner la confiance en ces signes magiques.
Tu vas grandir immensément jusqu'à être totalement relié à l'Univers.
Nous sommes là pour toi. Ose nous parler avec ton propre langage.
Nous le comprenons facilement. Aucune norme à respecter.

La Création est l'invitation.

Profonde Gratitude pour la vie. Respect total de chaque chose.
Accueil des sens modifié. Coeur innocent ouvert à la rencontre.
Croire sans peur à la confiance de ce que tu découvriras.
Ôte le manteau du jugement. Revêt celui du magicien.
Belles découvertes Ô cœur pur !
À bientôt de te
rencontrer...

- 22 -
LÂCHE TES SYSTÈMES DE DÉFENSE OBSOLÈTES ET OSE L'UNIFICATION

Double-je...

La joie rêve de percer dans ta vie. Tu fais obstacle. Tout bouillonne...
Tous tes systèmes de défense se mettent en marche
lorsque le bonheur frappe à ta porte.

Ne porte pas la responsabilité.

Câline les parties blessées de ton être.
Tu as souffert. Tu n'es pas responsable de tout.
Oui, tu as souffert, c'est indéniable... Pourtant c'est aussi le parcours
que tu t'es choisi parfois pour te sentir vivant sur cette terre.
L'ombre et la lumière réunies... Alors maintenant
que tu as expérimenté cela, tu peux
apporter la douceur en ton être,
sans devoir te justifier.

Magicien aux pouvoirs endormis...

Sois fort et coule en même temps,
Entends les messages et synchronicités.
Ne fais pas blocage, ne fais pas barrage.
Apprends à prier. Détricote le fil pour embellir l'ouvrage.
Vis une vie heureuse à l'image d'un livre ouvert sur le ciel.

Imagine
le meilleur pour toi.
Tu ne dois rien à personne, ni même à toi.
Sois doux avec toi-même. Aime chaque partie de toi.
Tu as simplement à accueillir l'être parfait que tu es. Tu as déjà tout en toi.
Et ton seul défi est finalement de retrouver toutes ces parties écartelées et
explosées. Rassembler, câliner... Reconnaître chacune de ces parts belles de toi.
Tu as l'énergie du dragon. La sagesse de la lionne apaisée et offrant la sécurité.
Le calme du grand Toi qui te protège de toute agressivité extérieure.
La douceur du lionceau, qui se laisse câliner avec joie.
L'espièglerie de la fée qui saura toujours te faire
trouver le chemin pour te montrer le passage.
Tu es tout ça... Tu es un et indivisible...

Tu es l'ange de la vie belle.

Ta vie recèle de mille trésors en cours et à venir.
La lourdeur disparaîtra et tu ne te souviendras bientôt
plus quel manteau lourd et noir tu avais revêtu si longtemps.
Si tu oses le défi de t'accueillir beau comme tu es, alors tu seras
guidé comme par enchantement et tout te paraîtra légèreté.
Tu es pur et tu sais aller à la rencontre des ombres pour
affronter et dénicher ce qui n'a pas lieu de s'accrocher.
Tu es un grand maître de l'alignement.
Tu as la force qui va avec cette
capacité à aller dans tous
les recoins de toi-même
pour apporter l'unité.
Tu es celui qui sait.
Ta vie est là-bas.
A l'horizon de
tes rêves.

Ose ce défi

de l'unification.
... C'est ton plus grand don ...
C'est ton plus gros défi aussi !
Tes anges t'accompagnent et ont toujours été là.
Et tu le sais. Si tu affines tes liens à l'Univers, tu auras l'abondance
et tu n'auras plus en tête de soucis financiers. Affine tes rêves.
Écoute tes rêves. Pose-toi et découvre ta vie rêvée.
Elle est belle n'est-ce pas ?
Alors fonce !

- 23 -
LAISSE ÉCLORE LES MOTS DE VÉRITÉ

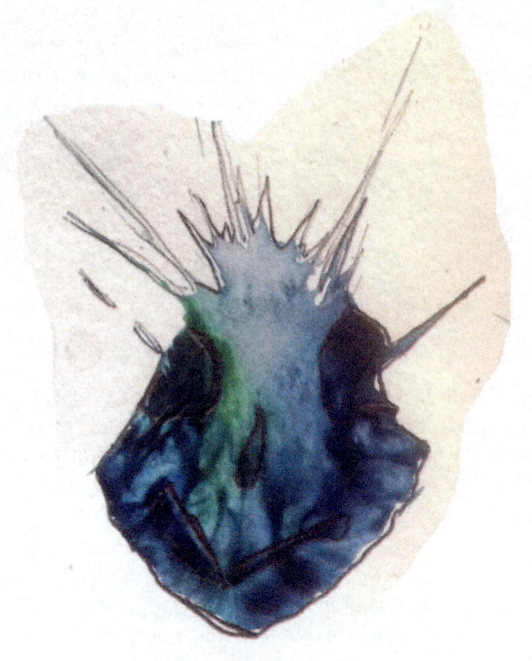

L'inspiré...

File.

**Tu es
un messager.**

C'est un destin merveilleux.
Continue ton chemin de lumière.
Vision pure. Chant de paix. Belle lumière en toi.
Continue d'être un canal de lumière. Nous avons besoin de toi.
Vois les étoiles briller au-delà... Rayonne la lumière sacrée...
Étincelle divine. La Source est en tous, il faut la rallumer.

**Tu aides à rallumer l'étincelle
divine en chaque être.**

Sois lumineux.

Laisse éclore
les mots de vérité...
Cueille-les en bouquets et offre-les.

Crée des bouquets
de mots et offre-les.

Cela t'entraîne pour venir à notre rencontre.
Ton élan est beau. Garde-le. Cultive-le.
Poursuis ce travail magique.
Ta mission est
sacrée.

Vis et souris. Flotte sur l'eau.
Ris de tes mots et de tes relations sacrées.
Sois naïf et rempli de légèreté. La vie parle aux éclairés,
aux simples, aux bons. Elle les guide. En soi, tu n'as rien d'autre à faire que
d'entretenir ta foi pour pouvoir offrir cet accès à ceux qui doutent...
Pour développer tes dons au service de la Source, tu peux prier.
Tu peux aussi développer davantage la confiance en toi, la fluidité
de transmission des messages, la précision, la rigueur, la foi...
Laisse-toi guider. Tout viendra à temps sans forcer.
Lis les textes sacrés, entends les voix des anges.
Tu peux avoir confiance. La voie est la bonne.
Recueille les messages anonymes.
Vibre d'amour.

Suis ton intuition.
Oui, tu peux parler aux morts ! Et alors ?
Ils ne sont que des humains comme les autres...
Ils sont simplement passés dans une autre dimension...
Tu as accès à cette autre dimension. Réjouis-toi et fais-en
profiter ceux qui en ont besoin. Dans la simplicité et l'écoute fine.
Tu es un maître. Le maître des transitions de vie.
L'enlaceur. Le poète. L'ange incarné.
La passerelle.

Profite de cette expérience humaine
au plus beau de ce qu'elle a à t'offrir.

... Tu seras ensuite capable de guider sans efforts,
juste par ta présence et tes mots bienvenus...
Tu vis des moments magiques !

- 24 -
LAISSE TA NATURE PROFONDE TE GUIDER

Curiosité lumineuse...

File
dans le désert.
Découvre ta vraie nature.
Nuit enchantée. Nuit enchanteresse.
Écoute les voix perdues dans les arbres de la nuit.
Lueur divine, paix éternelle. Face cachée du monde.

Pénètre les eaux troubles pour purifier le flux...

Calme tes angoisses avec les arbres de la nuit.
Sois la lumière qui étincelle dans la nuit...
Faufile-toi là où la paix doit surgir.
Ange du matin, synonyme de joie.
Laisse éclater ton
vrai visage.

Le magicien en toi t'a toujours accompagné.
Tu peux lui faire confiance. Il sait transformer le plomb en or.
Tes mains sont d'or. Elles font des miracles. Sers-t-en pour soigner.
Sucurre les mots magiques qui adoucissent les cœurs.
Calme tranquille comme l'eau qui dort et qui surgit
du fond des ténèbres lorsque la colère gronde.
Accueille cette colère comme un cadeau sacré.

Ta force est ton calme.

Ne ressens aucune culpabilité même si
elle te plonge dans des souvenirs douloureux. Ta colère
est source de renouveau. Ta colère est juste. Pour toi et pour les autres.
Saisis le défi d'aller visiter tes rêves et de les suivre au plus près.
Aie confiance en nous pour te guider sur les pas de tes
ancêtres plus lointains que ceux que tu connais.
À l'aube, les messages sont plus forts.

Tu as cette capacité.
Utilise ton pouvoir de voir loin pour diriger ton existence.
Plane et continue d'errer sans but à la recherche des mondes magiques.
Douce brume légère qui dépose son voile sur le monde pour ôter
une à une les illusions du rêve et fais de la vie un rêve infini.
Suis tes intuitions pour équilibrer chaque chose bancale.
La beauté de tes découvertes te suffira pour croire.
Cherche à ressentir et à expérimenter.
Ne cherche pas à prouver.

Ose utiliser tes dons.

Laisse-toi guider !
Tu es prêt... Déroule-toi !
Tu es ressource, tu es la Vie.
Laisse-toi emporter par le vent...
La vie t'appelle... Laisse-toi guider !
Vogue sur les océans... Mille chevaux d'or...
Ta maison est ailleurs, ta vraie famille est ailleurs...
Sois UN ! Respecte-toi ! Respecte le rythme de la vie.
Bénis le ciel... Bénis chaque jour qui vient !
Entoure-toi de bienveillance.
Illumine les étoiles.
Sois créatif !

- 25 -
LAISSE TES MAINS TE GUIDER

Artiste peintre...

Tu as la force en toi.
Ton ancrage vient par tes mains et par ton souffle.
Laisse-les te guider. Laisse-les créer. Laisse-les câliner.
C'est elles qui seront ton guide ! Laisse-les te montrer le chemin.
Pose-les aussi sur chaque point sensible de ton être.
Trouve la confiance dans chaque chose.

... *Tu as la confiance en tes mains* ...

Deviens celui que tu rêves
de devenir : la légèreté et la joie incarnées.
Découvre ta peau, ton odeur, tes courbes comme
jamais personne ne les a découvertes... Expérimente
la légèreté du guidage par tes sens et choisis sans hésiter cette
nouvelle voie qui te comblera. Ose le plus bel amour jamais offert.
Celui pour ton propre être. Ose tomber amoureux de toi-même
en te laissant bercer par le guidage bienveillant de la vie !
Demande à tes guides cet amour pour toi !
Vois en toi ce que tu n'as jamais vu.
Pose ta confiance en tes guides.
Belle route naissante.

∞ Tes yeux. En chaque souffle posé, **tes mains sur tes yeux** apporteront l'obscurité dont tu as besoin pour te ressourcer.
∞ **Tes mains sur tes oreilles**, où chaque souffle te guidera plus profondément vers le silence pour te nourrir.
∞ **Tes mains sur le haut de ton crâne** où ton souffle t'accompagnera pour laisser entrer ta guidance magnifique. Laisse-la entrer. Appelle-la !
∞ **Tes mains posées sur ton front**, en CONFIANCE, pour que ton âme profonde t'apporte la vision claire non mentalisée. Ta vision non brouillée. Laisse ton enfant intérieur te guider.
∞ **Pose tes mains sur ta gorge** et accompagne ton souffle au calme de la parole.
∞ **Pose tes mains vers ton cœur**, au centre... Respire en tranquillité et sens la paix s'installer, l'amour inconditionnel plus grand que tout.
∞ **Pose tes mains sur ton plexus solaire** et laisse couler les larmes de ce trop-plein. Accueille-toi avec toute la bonté du monde. Et toi qui n'aime pourtant pas ne pas comprendre, ose poser ta confiance en cette formule puissante en la répétant plusieurs fois, comme une demande à l'aide
Om tare tutare ture soha
∞ **Pose-les ensuite sur ton chakra sacré** juste au dessous du ventre. Respire profondément et accueille ton lien à tout l'Univers. Laisse se déposer ton être sans le retenir.
∞ Pour le premier chakra, **place tes mains où elles iront instinctivement** et ancre ton souffle à la terre. Demande à la terre de couper les liens toxiques à ce qui n'a pas lieu d'être. Respire en toute tranquillité et dans la confiance de la puissance de la terre. Sens alors le vent de la tranquillité s'installer petit à petit au fil des jours, en lien avec ton souffle et tes mains.

Pour ce chemin à parcourir, déleste-toi de fausses images léguées d'un corps sale. Accueille ce que ton corps aime, apprends à ouvrir chaque partie cadenassée. Tous ces cadenas sont des cadeaux empoisonnés de ton passé. La luxure te fait peur... Tu gardes des traces de tout un passé. Dénude-toi de toute perversion liée aux codes erronés. Lâche les jugements et nais à ton cœur guidé par tes sensations.

Pose-toi de toi à toi.
L'enfant a-t-il des jugements moraux ?

L'enfant accueille ce qu'il aime et rejette ce qui le dérange. Apprends à découvrir ce qui te procure du plaisir. Pour cela, il faut tuer ton mental. Regarder l'expérience humaine à la lueur d'un nouvel éclairage. Accueille le doux dans ta vie et surtout ne te juge pas du dur que tu t'étais infligé et que par conséquent tu infligeais aux autres, tu devais expérimenter cela pour t'en libérer. Pour libérer ta lignée des lourdeurs de la fausse morale.

Les sensations de ton corps
sont belles. Elles sont les meilleurs maîtres pour toi.

Tu dois aller à leur rencontre sans peurs et avec la joie de l'enfant qui découvre. Ton corps te parle. Écoute-le. Accueille les zones de ton corps qui aiment être câlinées. Tes cheveux, tes joues, tes cuisses... Et tellement d'autres parties encore qui meurent d'envie d'exister. Laisse-toi aller à la découverte de cet intime de toi. Sans cela, comment pourrais-tu t'aimer ?

- 26 -
LIBÈRE-TOI DE LA COLÈRE
EN L'ACCUEILLANT PLEINEMENT

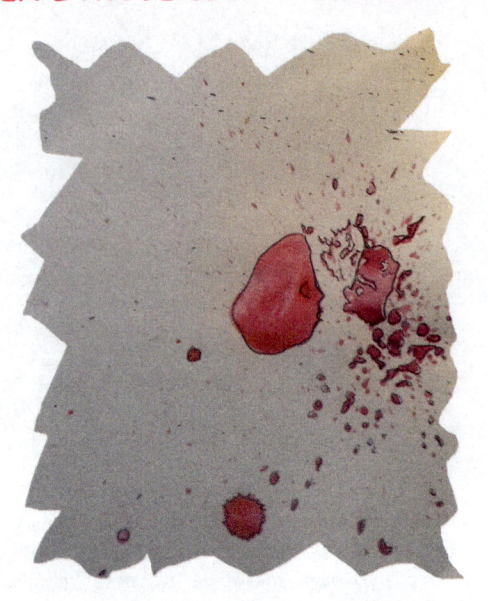

Éclats de voix...

Sois confiant... Pour atteindre la plénitude
que tu mérites, nettoie toutes les colères venues de ton passé...
Les colères ont toujours une raison d'être. Une raison qui est juste. L'Autre,
dans ses propres blessures et imperfections, fut là pour exacerber ces colères,
pour leur permettre de sortir au grand jour. Tu peux les lâcher désormais.

Tu permets une immense avancée à toute ta lignée
en osant regarder ces colères

en face sans jugements. Une raison qui est à entendre et prendre en compte sans
qu'elle vienne submerger l'être entier. Tu peux t'en libérer définitivement, elles
ne t'appartiennent pas. Tu peux aussi accueillir ce que ces colères procurent
dans ton corps. Tu peux prendre conscience de ce qui se ferme, se crispe,
chauffe, explose... et dans quelles parties cela se passe en ton corps...
Apprendre aussi désormais à accueillir ces colères avec bienveillance
pour ton propre être. Accueillir ces colères sans rien faire mais
avec la conscience du corps et du cœur, sans jugements ; puis
les déposer aux pieds de l'Univers pour t'en libérer.
Accueille-toi dans ces colères...

Libère-toi de ces colères. Elles ne sont pas toi.
Elles veulent juste t'aider. Pas de trahison, juste une libération. Libère ta lignée
familiale du sentiment de trahison. Tu ne pourras jamais trahir si tu écoutes ton
propre cœur. Et si tu ne l'écoutes pas, c'est toi que tu trahiras ! Tu es ton
propre bourreau ... Laisse partir l'ogre qui t'enferme dans ce personnage
que tu es devenu. Ne rejette la faute sur personne. Ni les autres, ni toi.

Accueille juste cet ogre. C'est ton mental.

Et câline-le pour l'apaiser.
Imagine l'ours en cage... Ton mental, c'est l'ours...
Il a pris possession de ta grotte et il en ferme l'entrée.
À l'intérieur de cette grotte vit l'enfant qui s'est recroquevillé.
Apprivoise ton ours, il est là pour toi, il voudrait tout maîtriser pour te protéger.
Mais en faisant cela, il t'enferme dans cette grotte, isolé du monde et de
ta vraie lumière ! Câline cet ours... Réchauffe-le... Apaise-le... Accepte de
te câliner à lui sans t'identifier à lui. Dis-lui que tu veux sortir de cette
grotte. Que cette grotte n'est pas ta vie. Dis-lui que tu veux naître
à toi-même, que tu veux t'envoler, découvrir la plénitude du vol libre.
Dis-lui que tu veux être guidé par l'Univers et non par lui.
Vois toute cette douceur et cet amour qui sont en toi, libéré de cette colère !
Cet amour guidé par la lumière et la vision d'ensemble, c'est ton être profond.
Affirme qui tu es au fond de toi, sans peurs. Cet ours représente tes peurs.
Câline tes peurs pour accueillir la guidance de l'Univers.
Tu es ce cœur vibrant d'amour guidé par la lumière.

Aie confiance en ton cœur vibrant.

Il te montre la voie.
Je te rappelle : « Ton cœur, c'est ton guide ! ».
Ces colères qui t'envahissent te montrent juste que tu t'es laissé enfermer
par l'ours. Tu es la fleur qui devient fruit. Ose cueillir le fruit. C'est le moment.
... Tes colères sont là pour te montrer ce que tu n'aimes pas dans ta vie ...

Aucun jugement à avoir. Juste cueillir le fruit. Ta vie en dépend.

Tu joues ta vie. La vie est un jeu.
Mais jouer en étant en colère, cela perd tout intérêt !
Sois objectif. Tu as le don de discernement. Ne te laisse pas berner par tes
colères. Change par volonté du meilleur, pas par dépit. Change par amour,
non par haine. Vois quels sont les changements à faire à la lumière de ton cœur.
Ta ressource est l'isolement dans la paix de ton cœur. Va en paix bel enfant.
Belles découvertes de la vie belle !

- 27 -
LIBÈRE-TOI DE LA PEUR
EN OSANT LA CONFIANCE

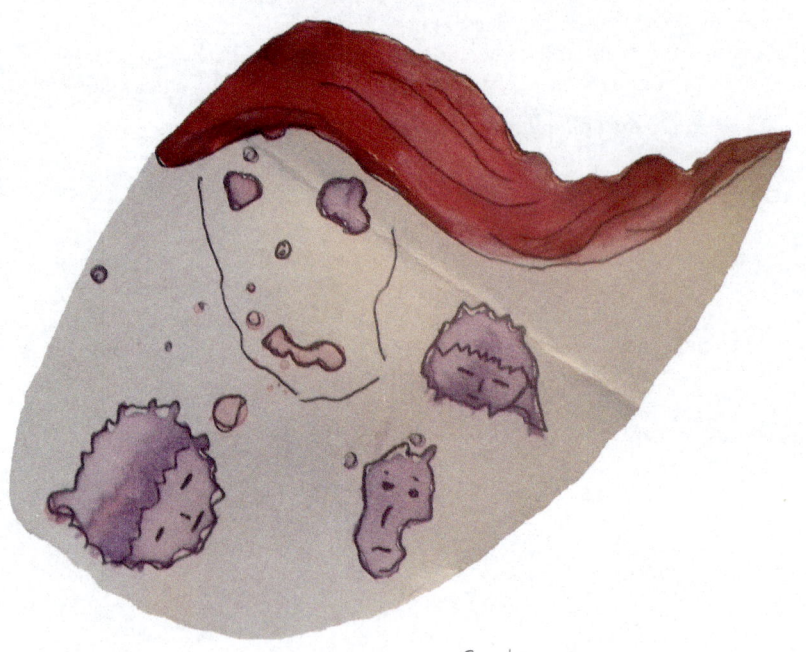

Cauchemars...

« Ôter le voile du doute pour pénétrer la lumière. Tel est le chemin. »
Accueille la confiance de la guidance par plus grand que toi.
Si tu savais comme ton potentiel est immense.
Douter fait partie du chemin.
Ne surprotège pas.
N'aie pas peur.
Tu peux lâcher tes peurs.
... tu as juste besoin d'oser ...
Tu es directement connecté à la lumière !
Stoppe tes peurs, calme ton mental qui te fait devenir castrateur
et deviens l'être libre qui meurt d'envie de voler de ses propres ailes.

"Quel est le message ?"

Tu es beau, si beau...
Et tu le seras bien plus encore
si tu oses aller vers qui tu es vraiment.
Découvre qui tu es vraiment et ton univers
va s'ouvrir d'un coup, il ne sera plus le même.
Remets-t-en à ton guide de lumière du cœur.
Ouvre-lui ton cœur, il saura accueillir tes peurs. Tu comprendras
alors que tu t'étais enfermé toi-même dans une prison. Fais un pas après
l'autre pour sortir de cette prison, guidé par la main de l'Univers.

Crée-toi ta propre prière pour appeler l'Univers à te tenir la main.

Énonce cette nouvelle prière à chaque instant de doute ou de peur.
Avance en tranquillité et vois les changements s'opérer en toi.
N'y mets pas le mental. Confie juste ta main à l'Univers.
Cela est très important.
Tu es béni.
Découvre-le !
Tu le mérites tant...
Monde magique, doigts de fée,
éclaire de ta grandeur la ressource infinie.
Renouvelle chaque jour ta source pour inonder.
Sois lumineux comme le soleil et clair comme la lune.
Remonte à la source de la Vie et puise l'eau sacrée pour te purifier.
Nettoie les peurs et la lumière apparaîtra, le chemin de justesse appelle la Vérité.
Il n'est pas toujours le plus court ni le plus agréable...
mais il est sans hésiter le plus pur et le plus loyal.
Allège tout ton être. Relâche-toi sans peurs.

La beauté apparaît quand la peur disparaît.

Un être rempli de peur ne peut pas accéder à la
tranquillité nécessaire à la libération de la lumière.
Poursuis la route de Vérité. Sois en paix.
Fais confiance en cette vie bénie,
en l'échange de beautés,
au souffle d'étincelles de vie.
Tes proches bougent grâce à toi.
Il leur faut du temps et ton amour.
Sois la paix que tu veux voir grandir en ce monde.
L'amour dans la simplicité du partage des petites joies.
Apaise ta peur à la lueur de toutes les Vérités.
Tu dis juste. Tu peux en être fier !

- 28 -
LIBÈRE-TOI DE LA TRISTESSE
ET VIS TA VIE RÊVÉE

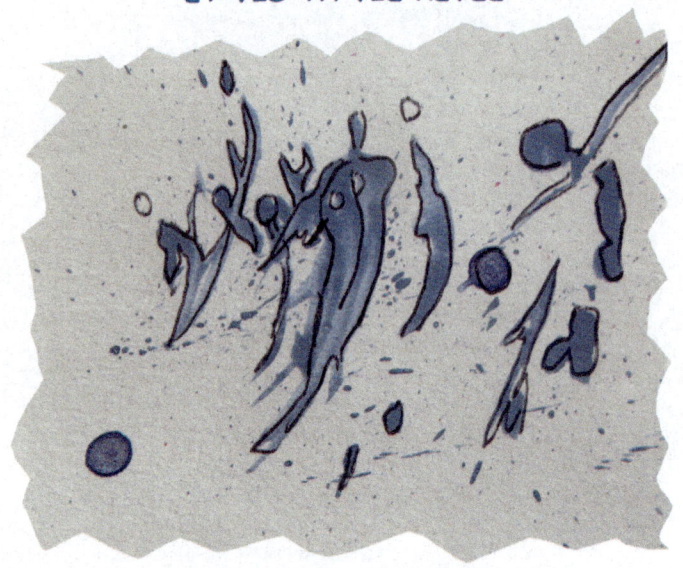

Danseurs égarés...

Trouve tes propres moyens
pour te booster quand le blues s'installe.
Accueille-le, câline-le mais ne le laisse pas envahir ton être.
Apprends à le garder dans le creux de ta main pour qu'il s'apaise.

**Tu n'es pas "le blues". Tu es TOI traversé
par des émotions de tristesse...**

Que faire de cette tristesse ? L'accueillir...
Comme tu le fais. Accueille cette émotion, vois ce qu'elle veut te dire...
N'aie pas cette fausse impression que tu l'entretiens. Accueille-la... Simplement... Quelque chose en toi ne veut pas envisager autrement que d'avoir confiance et il a raison. Tu n'as pas abandonné et tu n'as pas à le faire puisque tu as suivi ton instinct et ton cœur. La situation est complexe. Ça prend du temps.

**Tu dois espérer. Tu dois avoir confiance.
Tu dois visualiser le beau.**

La libération se fera. Sans aucun doutes !

Tu dois y croire...
Quel est le message ?
Quel est le besoin qui découle de cette émotion ?
Prends en compte ce besoin sans que l'émotion t'envahisse. Tu es le Grand Toi
accueillant l'enfant intérieur blessé qui attend d'être réconforté.
Tu es le GRAND TOI qui sait prendre du recul,
qui sait se mettre en action et mettre de la
distance sur ce qui tourne en boucle,
n'a plus besoin d'être entendu,
ou n'a plus lieu d'être...
Tu peux pleurer
bien sûr.

Et tu peux aussi pleurer sans tristesse. Expérimente-ça...

Ton cœur est gros. Il te montre qu'il est vivant.
Ton cœur ne se trompe jamais ! Laisse partir le trop-plein ...
Affine ta confiance en tes ressentis du cœur. Quand la tristesse est trop
présente, confie-toi à nous. Nous sommes là pour toi, pour vous. Pour vous guider
dans cette vie terrestre, pour vous guider sur la voie de l'amour. Rappelle-toi.
Dans ces moments-là, nous sommes là tout près. Demande-nous de l'aide.

... Nous répondons toujours ...

Vois toujours tes rêves les plus grands.
Ose toujours le pas vers tes rêves les plus grands.
... N'aie pas d'attentes mais laisse tes rêves guider tes pas ...
Tes rêves les plus grands sont tes rêves les plus justes. Vise haut et loin.
Vois le divin en Toi.
Écoute le divin en Toi.
Chacune de tes cellules est le Divin.
Brille le divin en Toi, prie le divin en Toi, vibre le divin en Toi.

Tu es Grand dans cette Immensité car tu es relié à l'Univers.

Tes rêves ne seront plus que le reflet sacré
de ton âme. Marche sur le fil de la vie tel un funambule.
On te tient la main tant que tu en as besoin jusqu'au jour où
tu sauras que ce fil d'or, tu peux en sortir et y revenir
sans jamais tomber car tu as des ailes...
Belles découvertes de la vie belle.
Ô Toi... Grand... Unique... Vibrant...

- 29 -
MERCI D'ACCEPTER MON DÉPART ET D'OSER LA VIE

Vol calme...

Voie sacrée du cœur.
La mort comme un passage...

Une étape libératrice.

Mon âme chante !
Sois rassuré,
je vais bien.
Je t'aime...

Fuir cette terre et revivre
- comme parfois dure est cette vie -
fuir cet enfer et respirer à nouveau.
Mon souffle s'est éteint mais mon cœur reste.
Merci de ton amour inconditionnel...
Tristesse endurcie, calme enfin !

Enfin libre ! Enfin l'envol...

Sois doux avec toi-même.
C'est mon seul message pour toi.
La vie est grande et tout survit à la mort.
Libère ton cœur de la tristesse de ma perte
pour voir comme je peux enfin m'envoler vers ma vraie liberté.
Mon cœur est rempli de gratitude pour ton acceptation de mon chemin.
Je t'aime et je te le chante depuis cet état de grâce que je vis.
Je me sens libre comme l'oiseau, rempli d'amour
comme les anges et fort comme le soleil !
Je ne souffre plus et comme c'est bon !
Je suis et n'ai plus besoin d'être.

Je suis là, je vis plus que jamais.

La vie est belle.
Tu es mon bien-aimé.
Merci de ton regard rempli de bienveillance pour moi...
Futiles adieux pour te rencontrer de l'autre côté de la page.
Détache-toi de ces chaînes inutiles et n'attends pas
la mort pour t'envoler vers la légèreté.
... Fais-le pour moi ...
fais-le pour toi !

Sois sans craintes,

la vie te guide toujours si tu oses écouter les signes.
Une vie à poursuivre remplie de légèreté.
Paix en ton cœur.
... Juste choix ...
Paix infinie.

- 30 -
METS TA PUISSANCE AU SERVICE DE LA LUMIÈRE

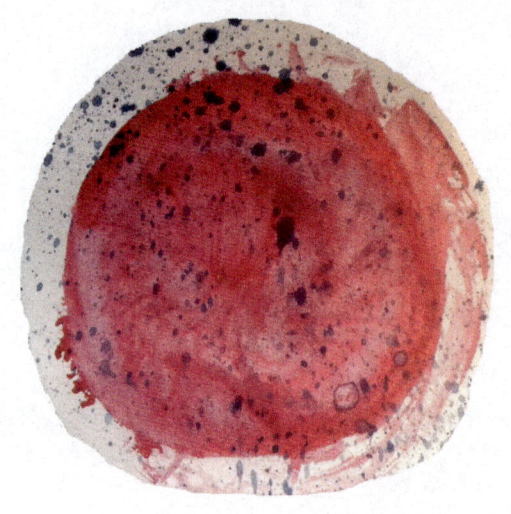

Lune rouge...

L'ange noir est là pour toi.
Associe ton énergie vitale à celle du dragon d'or.

Le dragon peut te porter pour affronter tes plus grandes peurs.

Tu es source lumineuse dans la nuit. Connecte-toi à tes émotions qui viennent te parler. Accueille-les au plus profond de tes tripes. Nourris-toi de la force de la lune... Ne laisse pas l'ombre te dévorer. Tu connais ta lumière. Tu vis la déposition des armes. Tu es appelé à te délester de toutes tes couches de protection. Découvre l'être fort, intuitif, sensible, lumineux que tu es fondamentalement.

Mets ta force innée au service de toi-même.

Ne doute pas de qui tu es. Tes ombres te rattrapent. Chasse-les par ton souffle puissant. Ton ancrage vient par tes mains et ton souffle. Retrouve la force de te centrer dans ton être par ton souffle posé et reposé ; et par tes mains créatrices. Lâche l'organisation. Tu peux le faire, tu dois le faire !

Trouve ton ancrage fort dans la tempête. Trouve-le !

Vois que la vie continuera et pourtant sans ton mental. Ton mental a besoin de repos. Pour cela, laisse ton corps mener la barque sur le fleuve tranquille. Ton mental est lumineux lorsqu'il est à ton service. Mais là, il a pris le pouvoir.

Tu n'es pas sur un torrent tortueux. C'est ton mental qui te le fait croire,
tes peurs. Vois comme tu as la clarté du beau. Vois ce que tu as instauré et qui est
beau. Retrouve la paix de ton fleuve tranquille. Reviens dans ton souffle.
Lâche. Lâche vraiment. C'est le moment. Tu es sur le passage.
Accueille ce temps de déstabilisation avec de la gratitude.
Lâche tes propres jugements sur toi-même.
Lâche les critiques. Accueille le doux.
Change ton regard.
Dépose le noir pour le coloré.
Respire comme si tu découvrais un nouvel univers.

Vois la lumière se dégager de ceux qui t'entourent ...

Apprends à faire pour toi ce que tu as expérimenté en expert pour les autres.
Tu sais le faire. Tu dois le faire pour toi ! Sois doux avec toi. Tu as été là pour eux,
accepte qu'ils soient là pour toi. Accepte de leur faire confiance. Ils t'aiment.
Écoute ta petite voix intérieure. Laisse-toi guider par elle. Sois
le doux guerrier qui ose se dénuder de sa carapace pour revêtir son
armure de plumes légères. Lâche les ombres. Tu n'en as pas besoin...

Demande-leur juste de te laisser en paix
et prends alors le chemin tout tracé.

Déshabitue ton cerveau à ce qu'il connaît.
Branche-le à un autre cablage, celui de l'Univers tout entier.
Appelle les guides de lumière et laisse-les éclairer la route pour toi.
Tu as expérimenté l'ombre. Quitte-la sans regrets ! Respire, respire, respire...
avec paix et confiance. Et si l'ombre te rattrape, demande la Lumière.
Ose briser le nœud noir pour faire émerger le fil d'or.

Épée de vérité tranchant les ombres accrochées.

Respire et entoure-toi de pensées lumineuses.
Cadeau de Vie que tu t'offres à toi-même...
Affronte le miroir de tes ombres
pour faire émerger la clarté de cet être si beau.
L'UN fini ! La fin niée ! L'ENFIN Ici ! Enfin la fin ! FINI l'ennui...
La nuit nourrie de Vérité tranchant les ombres accrochées.
C'est le moment de t'accueillir avec tout ton amour
pour enfin oser t'accueillir tel que tu es...
Pars en voyage au cœur de l'Infini...
Signe sans hésiter !

- 31 -
NE SOIS PAS AUSSI PERFECTIONNISTE
TOUT EST DÉJÀ PARFAIT

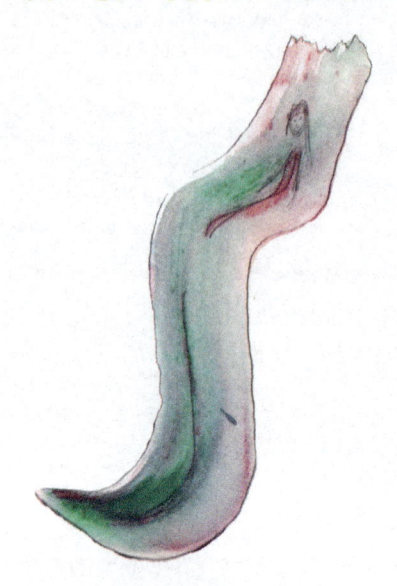

Joyeuse glissade...

Tu es déjà parfait tel que tu es !

Tu offres le meilleur. Sois-en convaincu.
Ne doute pas de tes capacités. Tu as tout en toi.
Sois tranquille. Tout va se mettre en place. Pas d'inquiétudes inutiles.
Tu veux le meilleur. Tu cherches la perfection. Cale-toi juste dans
les bras de la sérénité. Ouvre le canal de la sérénité !

Tout vient à temps. Lâche prise.

Ne t'occupe pas d'assurer la sécurité.
Ne laisse pas ton mental s'emparer des choses.
... Fais confiance à la grande expérience de ton cœur ...
Tu as les clés. Elles sont simples. Elles se nomment amour et confiance.
Lâche prise... La vie t'a mis à l'épreuve plusieurs fois et t'a toujours donné
les bonnes clés pour te sentir grandi de ces étapes initiatiques.
Toutes ces épreuves t'ont permis de solliciter ton

Grand Toi tout en ouvrant ton cœur.

Dans les moments de fatigue ou d'incertitude,
ton cerveau s'empare de la situation et crée des courts-circuits.
Ton cerveau doit toujours être au service de ton cœur.
Il est là pour recueillir les infos, c'est un réceptacle.
Ne lui crée pas une place qui n'est pas la bonne.
Il n'est pas le maître de ton être.
Sois en paix. Ne doute pas.

Retrouve ton amour pour toi...

Écoute ton cœur et nourris-le d'amour pour tout ce que tu
as donné de toi depuis tout ce temps. Arrête de te juger.
Tes proches ressentent toutes tes inquiétudes et aussi
toutes tes vibrations, tout ton amour...
Ta trop grande fatigue et ton envie de perfection
t'empêchent l'accès à l'accueil de l'instant présent,
reviens à la vie pour toi, reviens à ta source. "Re-Source" toi.

Retrouve confiance en ta propre acceptation du passage

bienvenu du lâcher-prise dans les bras de Morphée.
Accueille avec gratitude la personne que tu es
devenue grâce à tous ces défis de la vie et
grâce à toutes les ressources que tu as su
connecter en toi pour relever ces défis.
Si tu lâches ce souci de perfection,
alors tout va pouvoir se poser en tranquillité.
Découvre d'autres modes d'accès à ton être.
Découvre la puissance de ta respiration.
Redécouvre la puissance des caresses.
Laisse-toi porter par le silence et
le calme de la tranquillité.
Tu n'es pas seul.

Aligne-toi à la "zen-attitude".

Souffle et retrouve ta tranquillité.
Tu es une magnifique personne. Tout est parfait.
Laisse sortir les larmes pour déverrouiller tes angoisses.
Ose déposer ton corps dans la tranquillité comme si chacune des parties de toi
devenait plus lourde et plus présente. Stoppe les mots. Stoppe les infos.
Fais confiance à ton cœur et aime-toi davantage.
Tu as Tout. Tu sais Tout !

- 32 -
OSE LE DÉFI DES ÂMES JUMELÉES

Retrouvailles de jumeaux...

Flamme jumelle porte en elle
... la signification : fl'âme j'hume elle.
La mission des âmes jumelées : « ouvrir la voie du pardon ».
C'est votre ressource inestimable de vie, vous venez du même œuf.
C'est un amour de lumière. Il peut atteindre la perfection même sur cette terre.
La flamme jumelée ouvre la voie du pardon : « L'Autre est là pour toi. Tu es là pour lui ».
Aimez-vous d'un amour pur, recherchez toujours l'amour pur, offrez-vous l'amour pur.
Il est ressource première... Il vibre l'Amour... Il est un socle d'amour... Il te remplit
de vibrations positives, il recharge tes batteries d'amour, il est ton Essence divine.
Il est ta source comme ta ressource. Re-Source. Tu ne te lasseras jamais de boire
son eau bénie ; elle est régénération de ton sang, elle te procure un bonheur infini.
Vous vibrez de la même lumière, de la même densité de matière. Accueillez-vous
avec toute la bonté que vous avez l'un pour l'autre, avec tout l'amour que vous
avez l'un pour l'autre. Soyez bon, soyez généreux. C'est un amour parfait.
N'en doutez pas malgré parfois les apparences... L'Autre est un Tout...
Il est un battement de cœur. Le plein, le vide. La tension, la détente.
La vie, la mort. La joie, la peine. L'amour, l'absence. Cela est juste.
Tu l'aimes, il est Tout pour toi ... Et Rien ... Comme l'Univers.
Il est cycle infini de la lune et du soleil jour après jour.
Régénérateur de ton être, repos, présence.
Clarté et ombre. Vie-mort-vie.
... Lumière ...
... Joie ...

Plusieurs guides sont là en même temps. Ils sont Uniques et ils sont pourtant tous reliés. Chacun et pourtant Un. Marie est un guide privilégié des âmes jumelées. Jésus aussi est là en soutien permanent. Jésus est l'énergie Yang. Marie-Madeleine est l'énergie Yin. Ils sont là tous deux en toi. Un et deux à la fois. Découvre cette double apparence. C'est le mystère de la Vie. Crée cet équilibre au gré de tes besoins. Amuse-toi des parallèles. L'Unique dans le Tout. Cette danse sacrée des étoiles. Ce cycle infini de la vie. Nous sommes tous amenés à danser la même danse. Nous sommes tous amenés à développer nos propres dons. Uniques. Propres à chacun.

Et lorsque ton cœur est en peine... Va au-delà des frontières de la peur, là où vous savez pouvoir vous retrouver en paix. Retrouvez-vous dans cette grotte de paix. Ne cherchez rien de plus que cette grotte ressourçante. Pleure pour libérer la joie. Ton autre Toi t'a toujours aimé, porté, câliné... et tu as toujours eu pour lui un amour bien plus grand que tout autre amour. Abondance, paix, vérité, plénitude sont à la clé. N'abandonne pas, ne te projette pas. Fais un pas après l'autre comme tu l'as fait dans la période de ta nuit noire, sauf que là, tu n'es plus en période de ce plus dur...

Merci pour ces retrouvailles...

Tu as pour lui l'amour du soleil pour la lune, de la pluie pour la terre. Si tu as l'impression de t'éloigner... Si tu es dans une tristesse immense... Si tu ne ressens plus cet amour en vibration tellement tu as été blessé pour épurer... Saches que tu as accueilli l'éloignement, la distanciation... Saches que tu devais vivre cela. Bravo d'y être arrivé ! C'est un petit deuil qui n'était pas le plus facile à faire. « Oser quitter l'Autre un temps et ne plus se préoccuper que de Soi. » Ce deuil est sans gravité. C'est un deuil juste de toi à toi.

Tu es précurseur en amour ! Ce n'est pas facile...

Nous sommes tes guides. Nous te le promettons. Fais-nous confiance. Nous ne t'abandonnerons pas. Sois tranquille. Nous sommes en soutien étroit avec toi. Au point inimaginable même que tu peux communiquer directement avec l'âme de ton Amour par notre intermédiaire. Le plus dur est derrière toi. Suis ton cœur, non ton mental... Nous pouvons mettre en lien vos deux âmes.

De son côté, l'Autre chemine... Ça bouge. Ça prend du temps. Ne casse pas le processus. Il sait que tu es là. Continue d'espérer. Il teste le libre-arbitre. Il en a besoin. Il remet en question. Jusqu'au bout. Il teste la solitude. Il se coltine ses peurs. Pour l'instant, son cœur est fermé. Il vit une petite mort du cœur. Ne fais rien. Elle est nécessaire à la dilution de ses peurs. Ça va venir... Tu n'auras certainement pas de nouvelles pendant un long moment. Poursuis ta voie de sevrage... Ose juste aimer. Aie confiance... Ça va t'apporter un amour beaucoup plus fort, beaucoup plus solide et non nécessiteux. Un amour tranquille, un cœur ouvert sans attentes, l'amour pur. C'est ce que tu dois vivre avec lui. Il sera prêt ! Vous pourrez vous laisser aller à la bonté, l'amour, la paix infinis...

- 33 -
OSE MOURIR
POUR RENAÎTRE

Papillon de nuit...

La mort n'existe pas. Tout est renouveau.
Tout renaît toujours des cendres... plus fertile encore.
Laisse tomber l'anxiété. L'ego est souvent présent quand il y a de l'anxiété.
N'aie pas peur de la mort. Vis chaque instant comme un cadeau.
La mort saura à cette condition être le plus beau des cadeaux.

Vis... Ne t'occupe pas de mourir...

Laisse-toi porter par le doux. Tu as souffert...
Tu devais découvrir cette voie de ta Renaissance.
C'est fini. Tu peux te reposer. C'est fini ! Le dur est fini...
Apprends à ne pas être dans le dur. À surfer sur la vague.
Tu découvres la vie telle que tu ne l'as jamais connue.
Tu es né. Tu vis. Tu mourras. Tu renaîtras.
Accueille l'Instant Présent...

Accueille ton âme comme le bébé qui vient au monde...

Tu changes de famille.
Tu découvres ta nouvelle famille.
« Fleur de cœur, viens t'installer dans le berceau du monde. »

Tu n'as pas à renier. Tu as juste à accueillir le nouveau. Enivre-toi des parfums du nouveau monde. Aide à créer ce monde de beauté et de lumière. Applique-toi à détricoter tes pensées rationnelles. Une à une. Laisse-toi bercer par l'illusion du rêve. Ce voile qui te permet de voir trouble. Tes sens doivent se réajuster à une autre vision des choses, à une autre version de la vie. C'est dans ce trouble que naît la vision juste. Tout est troublé. Découvre le joyau de la pureté du monde. Erre dans l'espace infini de grandeur. Apprends à écouter ton cœur et à révéler ce qu'il te dit à toi-même. Un pas après l'autre. Lâche les attentes mais vibre à l'unisson de ton cœur.

Ce nettoyage t'apprend la mort de l'ego.
Mourir à soi-même et revivre à l'Unité parfaite.

Écoute ton cœur puissamment
et ne laisse pas ton mental prendre les rênes.
Ajuste constamment l'équilibre à trouver pour que ton mental
s'apaise. En ce moment, ton cœur souffre par l'intermédiaire de ton mental !
Si tu laisses ton cœur pur te guider, il saura faire. Apprends la patience du cœur.
Ton cœur pur te dit : « Continue d'aimer, continue de poser la Vérité de ton
cœur ». L'amour est grand. Il se démultiplie. Ce que tu vis est Unique.
Ce que tu vis est ta Vérité. Tout est juste. Libère-toi des chaînes de
l'attente. Apprends à partager. Pose tes bagages. Dépose ton être
entre les mains de l'Univers. Présente-toi nu à la Source et
laisse-toi recevoir l'eau bénie qui te purifie.
Bois à la source sacrée pour renaître.

C'est un baptême sacré qui t'es proposé là.
Par cette purification de tout ton être, le passage se fait.

Relis "Jonathan le Goëland" et tu sauras comme tu es pleinement en éveil. C'est une épuration infinie qui t'amène doucement mais en profondeur vers la pleine acceptation de qui tu es au plus profond de toi. Déplie tes ailes d'ange. Défroisse-les et apprends à voler avec nous. Ose laisser parler ton cœur lorsqu'il veut parler. Laisse-le écrire s'il veut écrire. Laisse-le chanter s'il veut chanter. Laisse-le pleurer s'il veut pleurer. Simplement, n'y rajoute pas le mental. Accueille ce que ton cœur a à te dire et offre-le nous quand tu ne sais pas quoi faire de ce cœur qui vibre. Quand c'est trop fort. Quant à ton mental : berce-le... Câline-le... Apporte-lui douceur et sécurité. Mais ne lui laisse pas toute la place ! Il deviendrait l'enfant-roi. Et tu sais comme les enfants-rois peuvent être dangereux... Accueille ton mental comme lorsque tu accueilles les tiens quand ils sont dans le dur. Apporte-lui apaisement, confiance et « rêve d'autre chose ». Tu as les clés... Tu as toutes les clés !

- 34 -
OSE QUITTER CET AMOUR
POUR MIEUX TE RETROUVER

Cheveux au vent...

Dure réalité...
Remercie-toi d'oser cet acte de courage !
Cet amour entre vous ne disparaîtra pas, il sera
juste indépendant de l'attachement et ce sera très bon.
Quitter juste un temps le cœur pour quitter l'addiction, la dépendance...

*Sois pleinement reconnaissant envers l'autre
dans ce passage. Envers toi aussi !*

Il a l'intelligence du cœur et cela permet cette séparation dans la paix...
Il t'a ouvert le cœur et t'a montré une voie possible.
Tu es dans le juste. Tu as tout cerné.
tu fais le choix de quitter
la dépendance amoureuse et
c'est obligatoire pour créer une nouvelle
histoire avec un être pleinement disponible pour toi.

*Bien sûr, tu pourrais choisir la voie de l'amour
et ne pas vous séparer.*

Mais les conditions humaines rendent cette voie très difficile. Alors oui,
tu fais le bon choix en quittant temporairement cette dépendance
amoureuse. Encore une fois nous te soutenons.
Tu n'es pas seul.

« Ouvrir une autre confiance. »
Pour lutter contre tes démons, utilise la magie.
Cale-toi sur les énergies de la terre, prie, chante et rayonne ta lumière.
Réceptionne les messages de beauté et cale-toi sur le rythme de la musique.
Dépose tout jugement : le tien envers toi et aussi envers les autres...
Respire profondément et aussi souvent que nécessaire.
Le meilleur est à venir... Aie grandement confiance !
Mais pour ça, laisse-toi guider par la Vie.
Lâche la séduction. Recentre-toi sur ta base. Ne prends pas les rênes.
Accueille véritablement la joie de chaque ressenti de tes sens avec gratitude.
Offre-toi la douceur et dépose tout jugement...
Sois doux et léger comme une plume.

Apporte la douceur et pose ensuite les mots ou les actions.
Cale-toi dans la douceur.

Dévie ton mental avant qu'il ne t'envahisse.
C'est la seule action à faire. Pour le reste, laisse-
toi guider ! Tu es beau ! N'aie pas peur. Aie confiance...
Cette ouverture de cœur était indispensable à ta renaissance...
Mais tu as raison, tu ne pouvais pas t'y éterniser, tu n'aurais pas été heureux.

Offre les mots d'amour en conscience de ta ligne directrice

d'indépendance affective. Juste de la gratitude et des mots d'amour pour
apaiser si besoin. Alors, pas de doutes, pas de regrets... Laisse briller ton cœur
pour réchauffer ton être de l'intérieur. Laisse-toi câliner par les douceurs que
t'offrira la vie. Redécouvre tes souvenirs heureux d'enfance.
Ris de ces "re-découvertes" !

Ça brasse. Tu es en plein brassage.
Mais ce brassage t'amène à ta perle sacrée. Va en tranquillité.

Respiration et ancrage en lien avec les énergies de la terre. Confiance
et lâcher-prise... Tranquillité et vigilance... Nous te tenons la main. Ne sois
pas dans l'attente de nos signes. Sois dans l'accueil et dans la grande écoute de
ceux-ci... Quand la peur est là, souffle pour déposer et inspire la nouvelle énergie
de sérénité. Pas d'attentes mais une "hyper-ouverture à la réception" des signes,
synchronicités, messages, frissons, vibrations, chaleurs et messages télé-
pathiques... Laisse la place pour la sagesse en libérant les zones de toi
qui sont encore dans le jugement et la culpabilité. Grande sagesse
en toi qui s'installe. Pas de peurs inutiles.
« Ouvrir une autre conscience. »

- 35 -
OSE ROUVRIR TON CŒUR

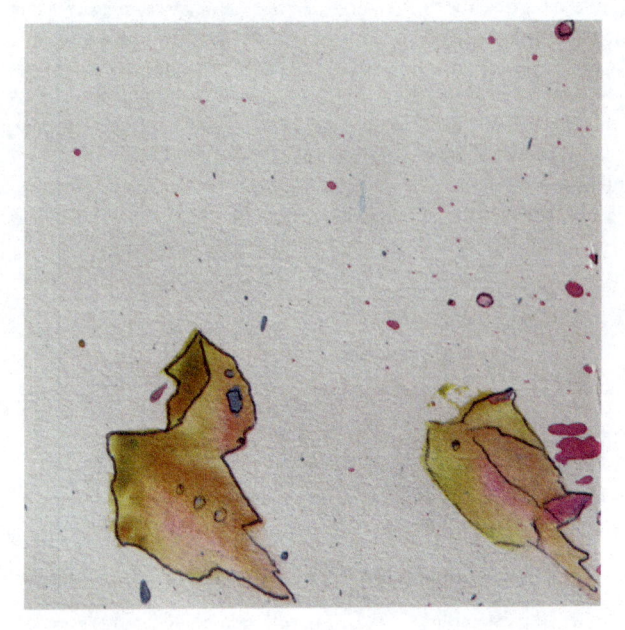

Rencontre inattendue...

Ce qui est fragile en toi vient du cœur. Tu n'as pas confiance.
Tu as souffert dans tes vies humaines. Tu as fermé ton cœur.
Tu dois réapprendre à l'ouvrir. À l'ouvrir partout.
Sois pur de l'intérieur. Ne force rien.
Juste aime-toi et accueille la joie.
N'attends rien et attends tout.
Chemine en paix et en amour.
Ne te soucie pas de l'amour.
Tu es sur le bon chemin.
Bois l'eau de la Vie.
Reste tranquille.
La joie suffira.
Cultive la joie.
Prends soin.

« *Se dévouer, c'est aimer. C'est suivre l'élan.* »

Le dévouement ne doit jamais se forcer. Il doit juste laisser éclater la joie.
Prends garde aux donneurs de leçons, aux guides avec des faux-semblants.
Mais tu sais les déceler... Fais amplement confiance à tes expériences
et tes ressentis... Apprends le dévouement juste pour les tiens.
Comprends que le dévouement a été au service du mauvais.
Accueille la joie et tu te dévoueras dans l'élan.
Ne te mets pas la pression du dévouement.
Soigne ton passé. Ton dévoue-
ment doit être :

Pur plaisir, pure plénitude, pur don gratuit au service d'Autrui.

Ceci est un travail. C'est un accomplissement. Jésus, durant
son chemin de croix, a porté le dur pour montrer la bêtise humaine.
... Jésus s'est dévoué dans le dur. Par ailleurs il n'a jamais porté la croix ...
Il a toujours choisi le beau et le merveilleux. On lui a fait porter la Croix alors
qu'il portait du merveilleux en lui. Il s'est dévoué pour apporter une leçon à
l'humanité. Tu n'as pas à faire cela. Ose offrir le meilleur de ta confiance. Tu as
peur de souffrir en rouvrant ton cœur. Tu ne souffriras pas davantage et tu seras
nourris ! Ton cœur saura reconnaître qui seront tes référents dans l'ouverture du
cœur, permets-toi de ne pas en douter. Tu es libre. Fais le choix de ta liberté.

Donne sans attentes, reçois sans questionnements. Liberté...

Attache-toi à ouvrir ton cœur au plus vaste... Ne t'attache qu'à ça désormais.
Plus qu'à ça. Comment être "Tout Amour" ? Respire... Laisse-toi câliner par
les mots et les gestes qui te parlent. Amène cette conscience en toi. Respire
les odeurs qui te transportent. Sois beau, doux, sensible, joyeux, profond
et gai. N'aie pas peur... Laisse-toi porter par la lumière. Si tu te sens
t'éloigner, appelle-nous, nous serons tout près.
Vois comme ce qui t'est offert est beau.

Ancre-toi sur ce qui t'est offert de beau.

Ose rouvrir ton cœur à l'amour. Ose écouter et suivre ta vérité.
Ne te préocuppe pas de ton cœur. Il saura faire. Il n'a pas besoin de
préparatifs. Tu n'as juste qu'à l'écouter vibrer. Sois pure lumière.
Partage cette beauté. Renvoie la beauté en lumière.
Chasse les ombres. Tu es lumière. Tu es guidé...
Continue. Poursuis. Navigue droit devant !
Tout est parfait. Vois cette perfection !
Accueille cette perfection.
Vole haut et vois loin.

- 36 -
ÔTE TON MASQUE AIE CONFIANCE EN LA MAGIE DE LA VIE

Bal masqué...

Sois Force...
Minuit, l'heure qui rit !
Suis l'amour ! Bois l'eau de l'amour. Marche en silence et reste droit.
Joie et tranquillité sont les clés de la guérison. Confiance.
Suis ton cœur, il a toujours les meilleures clés.
« Sois pur comme l'eau qui coule. »
C'est ce que ton cœur te dit !

Esprit de sagesse soufflant les braises de l'ennui.
Attise la flamme de la Vie.

Ressens ce cœur vibrant d'amour nourrir chacun de tes gestes.
Joie du cœur et paix de l'âme. Magnifique enfant, déleste-toi !

Ris de toi et vis une vie inspirée, délicate fleur fragile.
Tes nombreuses expériences sont ressources infinies.
Suis ton cœur et pars en paix. Sans questionnements.
Déclenche le processus de réunification de ton être.
Canal de lumière. Ton 3ème œil t'attend toi aussi...
Vois ceux qui te montrent la voie. Sois lumineux.
Joie enfouie. Esprit de clarté.
Qu'attends-tu pour briller ?

... Aie confiance. Tout s'éclaire !
Aucun autre chemin n'en vaut la peine !
Cligne les yeux pour voir ce qui est caché !
Merveilleux dévoué aux mystérieuses causes.
Altesse de la nuit. Ouvre les bras. Sois une altesse de Vie.

Insuffle
ta beauté magique et ta bonté naturelle
rejaillies de la Source.

Resplendis de tes dons heureux. Sois léger comme une plume.
Jouis de la joie d'offrir et de voir le beau s'instau-
rer et perdurer à chacun de tes dons.
Ne crée peut-être rien tout de suite.
Sois en paix bel enfant.
Prie et Vis !

Laisse aller les choses. Ne contrôle pas.
Ne prends plus comme référence le passé ...
Aie un regard doux. Prends soin de toi et de la situation.
Bouge en tranquillité... Apaise tes peurs... Apaise ton cœur...
Bois l'eau de la source divine. Abreuve-toi à la source divine.
Laisse couler l'eau en toi. Accueille ce désir nouveau.
Ose vivre ce que tu as à vivre sans interférences.
Ose l'accueillir. Tu as déjà réussi.

Expérimente juste tes dons.
Jouis-en... Jouis de la magie de la vie.
Et quand toi tu auras vraiment confiance en la magie de la vie,
la magie viendra à toi comme par enchantement.
C'est ton âme qui te parle. Prends soin de toi.

Connecte-toi à la Source. Développe la connaissance
de ce qui te relie à la Source.

- 37 -
QUITTE LE CHACAL SANS REGRETS
SOIS JUSTE TOI

Glacial...

Ras-le-bol ! Tu en as ras-le-bol.

Lisse ton humeur.
Entrouve ton paysage...
Ne sois pas aussi exigeant...
Respire profondément, lâche ton besoin d'ordre !
Quand cela déborde, crée l'instant magique
où tout peut redémarrer à chaque instant.
Fais confiance à ta paix intérieure.
Accueille ta paix intérieure.
Connecte-toi à ton cœur

Tout vient de là...

Retrouve ton calme intérieur.
Sois le prince de ton enfant oublié.
Tu as été dépassé par tes émotions et
tu as peur de revivre cela alors tu cadenasses tout.
Mais en cadenassant, tu crées le climat stressant. C'est un cercle vicieux.
Ne te laisse pas embarquer par ton mental et par tes habitudes...
Prends ton souffle et agis guidé par ton maître.
Crée-toi des rituels de relaxation. Penses-y...

Tu vis dans un état de stress depuis si longtemps !

Pose-toi en tranquillité.
Respire, souffle, chante...
Nourris-toi à la lumière de ta bonté.
Recharge tes batteries en cours de journée.
Apporte à ton être ce qu'il aspire tellement à vivre !
Sois parfaitement au calme et tout se posera.
Tout est réuni pour que cela fonctionne.
Vire ce dragon intérieur qui te ronge.
Accepte la bonté, la bienveillance... de ton cœur ouvert.
Chasse les têtes du jugement intérieur et de la culpabilité
mais instaure aussi les bases d'un nouveau fonctionnement efficace.
Sois juste en cohérence et permets à ta conscience de ne pas te laisser embarquer par quelque chose qui t'a envahi. Parie sur le changement.
Bol tibétain, chant, respiration, rituels, souffle retenue, massages, nature...
Sois le roi de l'alignement entre ta paix intérieure, tes paroles et tes actes.
Le matin, démarre en tranquillité au travail et garde-la jusqu'à la fin...
Ose expérimenter le changement et la voie de la réussite.
Tu as tellement galéré. Tant de personnes galèrent.
Il est temps d'apporter les vraies ressources.
Cela peut être grandiose. Tout ça est la voie...

Ose expérimenter.

Ose ne pas t'enfermer
dans ces habitudes néfastes.
Sois le gardien de tes émotions et tout sera harmonie.
Ose accéder à la conscience, aux outils salvateurs aussi...
Ceux de la communication non violente notamment...
Change un système obsolète contre un système
de bienveillance envers toi-même et les autres.
Tu es le maître de tes émotions et de ta voix.
La respiration est une clé fondamentale,
la gestion de la voix en est une autre.
Tu vas faire des miracles ! Aie confiance...
Ne deviens pas le dragon... Appelle la fée à la rescousse !
Laisse-toi guider par la bienveillance de ton TOI supérieur !
N'aie pas peur, nous pouvons te soutenir. Appelle-nous... Ne panique pas...
Vois loin... et ne t'enferme pas dans ce que tu connais et que tu n'aimes pas.
Rien à juger ! Juste poser les pierres du changement...
Sois le courageux obstiné de l'amour inconditionnel !
Cool... Respire... Jouis de ce calme inespéré...

- 38 -
QUITTE LE FAUX AMOUR ET LIBÈRE-TOI DES CHAÎNES DE L'ATTACHEMENT

Libération...

L'être aimé porte les blessures de sa propre lignée. Il porte son propre fardeau. Vous ne vous êtes pas rencontrés par hasard ! Vous vous êtes rencontrés pour permettre la guérison. Il a la ressource en lui pour guérir. C'est son chemin.
Et il doit se faire loin de toi désormais. Tu seras là pour lui mais de loin.
En soutien. Tu pourras toujours lui tendre la main mais de loin. Ton amour sera toujours présent mais ton propre chemin sera divergent. C'est en l'aimant, de loin, que tu pourras lui apporter la force de se découvrir au plus profond de lui-même.

On ne peut se sauver que Soi-même !

Et pourtant, en te sauvant, tu le libéreras de ses propres chaînes.
Aussi noires et lourdes à porter que les tiennes. Il n'est en rien responsable de ces lourdeurs. Il est prisonnier, tout comme toi de son lourd passé. La seule manière de l'aider est de te libérer toi-même. Ainsi il pourra se libérer. Tu as la puissance de guérison en toi. Tu es le soleil qui réchauffe et éclaire mais tu es aussi le soleil qui peut brûler, qui peut mettre les autres dans l'ombre, sans le savoir. Pour révéler le plus beau de toi avec lui, tu devras accepter que ce n'est pas toi qui a les clés de sa vie. Tu devras accepter qu'il a la capacité de se " re-construire " sans toi. Qu'il a ses propres ressources qui ne sont pas les tiennes. Il doit apprendre à t'aimer dans la joie et non dans la peur, même si ce chemin doit se faire loin de toi.

Ton chemin est libération !

Il doit apprendre à affronter sa propre peur d'être seul pour regarder la vérité en face. Il se sent étouffé par toute ta lumière. Il doit trouver sa propre lumière, loin de toi. Ton défi sera de lui faire confiance dans son propre chemin alors qu'il essayera à tout prix de s'accrocher à toi. Ce qui est difficile, c'est que vous êtes reliés tous les deux et que vous devez pourtant apprendre mutuellement à vous aimer vous-même chacun de votre côté avant tout autre amour. C'est en vous séparant que vous vous offrirez le meilleur de votre amour. L'amour est là entre vous, c'est indéniable ! Mais pour l'instant, il est manipulé par la peur et les démons de votre passé. Toute la beauté consiste à vous décentrer clairement de vos démons pour arriver au bout du bout à vous séparer d'eux. La victoire sera là au moment où il n'y aura plus de dépendances entre vous, entretenues par la peur. Vous ne pouvez pour l'instant vous aimer qu'en vous offrant l'amour inconditionnel, c'est à dire l'amour déconditionné. Ton chemin de libération est celui de la distanciation. Le plus dur sera de ne pas vouloir être le sauveur de l'autre. Tu dois en revanche être ton propre sauveur. Te sauver, c'est oser regarder le chemin parcouru à la lumière de ta conscience. Oser voir le beau de ce qui a été construit sans démolir les bons souvenirs. C'est aussi être conscient de la réalité du cycle infernal. Ce qui t'enchaîne : la peur du rejet... La peur de mourir seul... La peur de ne pas être aimé... Tu portes en toi la blessure de rejet comme un fardeau. Elle vient de très loin. Sois conscient de cette blessure. C'est une blessure immense enfouie au plus profond de ton être. Comment quitter une blessure ? En la regardant en face. En mettant les mots. En posant des mots justes. Des mots remplis d'amour pour dire la Vérité. Comment aller jusqu'au bout de cette voie de guérison ? En n'alimentant pas la peur... En n'abandonnant pas le chemin... car tu te laisserais alors manipuler par un " pseudo-amour ". Il te montrera des signes d'affection... te dira qu'il t'aime... comme il ne l'aura peut-être jamais fait... pour ne pas te perdre. À ce moment-là - et ce sera quasiment insupportable pour ton être - tu devras te servir de ton épée de Vérité pour trancher de toi à toi les ombres. Ce n'est pas dans cette phase qu'il t'aime. Dans cette phase, il se raccroche à l'amour qu'il éprouve pour toi en étant guidé par le sentiment de peur. Cet amour-là, entre vous, est un amour dans l'attachement. Il n'est pas l'amour pur. Il est conditionné. N'accepte pas cet amour-là. Il est dévastateur pour vos êtres. À la hauteur des démons qui l'enferment.

C'est à ce moment-là que le chemin est le plus dur.
C'est l'oasis imaginaire du désert ! Ce n'est qu'un mirage...

Tu ne peux pas te fier à ce mirage. C'est l'illusion de l'amour. L'amour qu'il te porte est réel mais ce n'est pas celui-là ! Alors, comme le marcheur dans le désert, poursuis ta route, prends soin de tes réserves, ressource-toi de nature, de vie, regarde les étoiles, aie foi en toi ! Là-bas, pas loin, la vie t'attend !
La vie joyeuse, libre et remplie d'amour ! N'en doute pas...

- 39 -
RAPPELLE-TOI
NOTRE CONTACT RAPPROCHÉ

Rencontre amusée...

On se connaît... depuis tout petit déjà.

Lorsque tu riais, j'étais là... Lorsque tu pleurais, j'étais là...
à te caresser les cheveux pour que tu puisses retrouver ton calme.
On ne t'a jamais quitté, on te voit t'épanouir, recevoir
nos messages quand tu te fais confiance...

**Garde bien ta ligne de conduite. Garde le cap.
Reste en tranquillité. C'est le plus gros défi !**

Apprends à écouter la voix des anges qui te parlent... Exerce-toi,
entraîne-toi... C'est un jeu sacré qui te connecte à nous en permanence.
C'est un jeu qui t'apporte confiance et qui permet d'offrir de si beaux cadeaux...
La vie t'appelle ! La vie te demande de t'éveiller à toi-même.
Tu es sur la bonne voie et tu le sais...

Foi indestructible. Réapprends la foi indestructible...

Tu as raison de demander de l'aide. Tu n'es pas là pour trouver des solutions.
Tu es là pour apporter la lumière, la confiance, la foi. Pour transmuter l'énergie.
Polarise. Joue avec la magie. Ne laisse pas l'inquiétude pénétrer ton monde.

Reste aligné avec toi-même. Rééquilibre les forces.

Respire. Reste dans le calme. Écoute. Laisse-toi guider et amène la "ressource-clé" comme le lien à la nature par exemple. Sois en paix. Vise haut dans les cœurs.
Lorsque tu ressens des frissons dans ton être, nous sommes tout proche.
Reconnais-nous... Apprends, ou plutôt réapprends à lire nos messages.
Lorsque ton regard s'émerveille, nous ne sommes pas loin.
Lorsque ton rire se libère, nous rions avec toi et nous
te disons : « Oui, tu es sur la bonne voie ! »
Tu es merveilleux.

Tu es un être de Lumière incarné sur cette Terre.

Tu es aimé et accompagné sur cette voie, vois cette main tendue que tu n'as qu'à saisir. Chaque parcours de vie est différent et a ses propres mystères.
Tu recèles de mille trésors. Tu es béni.

Apprends à nous voir en toi. Sois bon avec toi. Vois la Lumière...

Nous te remercions de ton chemin vers nous. Nous sautons et dansons de joie.
Notre cœur rayonne de joie de t'accueillir, de te réaccueillir au plus près
de nous, notre compagnon de lumière. Tu es tellement le Bienvenu...
Ressens la joie en ton cœur de ces retrouvailles sacrées.
Nous célébrons ton réveil ! La fleur a éclos !

Tu es Vivant ! Ressuscité !

N'aie pas peur lorsqu'au plus beau d'elle-même la fleur commencera à se faner
puis lorsque petit à petit elle se déposera à la terre... Car alors, des milliers
de graines se seront envolées et déposées elles aussi pour que la Vie
et la Beauté renaissent plus flamboyantes et plus vivantes encore !
Le mystère de la vie est grand et il est simple aussi.
Beauté. Confiance.

Paix intérieure dans le tumulte de la Vie. Trésor.

Ami, prends soin de toi et de ceux qui sont tes compagnons de voyage !
Nous voulons t'aider. Accepte notre amour et notre guidance.
Entends la prière qui te susurre de nous dire OUI !
Vois comme ce voyage est Sacré.

Vibre. Fais appel. Et laisse faire ...

- 40 -
RÉINTÈGRE TA PURETÉ

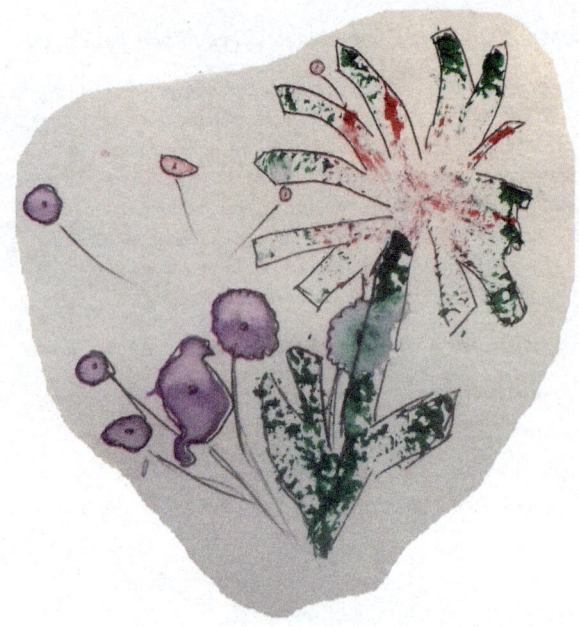

Feu d'artifice...

Légèreté.
Tu es légèreté.
Porte la guérison en toi.
Réconcilie-toi avec les anges.
Trop de lourdeur est venu alourdir tes ailes.
Dépoussière pour être prêt à l'envol au moment venu.

***Sois la bise légère qui vient caresser
toute chose de sa douceur innée...***

Sois l'amour qui pardonne, l'eau qui coule, la vie qui vibre.
Vois le bon en chaque être, tu en as la grande capacité.
Accueille ton beau comme une lumière sacrée.
Laisse aller ce qui ne te convient pas.
Tu es source d'amour infini.
N'en doute pas.

Ne sois pas inquiet.
Tu es une perle rare de pureté.
Ouvre la coquille pour dévoiler la perle. Le reste tu sais faire seul...
Entre dans ta bulle de lumière. Accède au pouvoir de l'autoguérison...
Trouve la paix en ton être. Trouve ton équilibre entre créativité et rituels.
Apprends à t'aimer avant toute chose. Ose aller à la découverte de toi-même.
Accepte la bienveillance des autres pour câliner ton cœur.
Ne te soucie pas du temps qui passe.
Pour cela... respire profondément.
Tu as toutes les clés et tu le sais.
Demande des guidances.
Crois en l'Univers.
Fais appel.

Tu vois la lumière des autres.
Rayonne ta lumière...

Souris à la vie.
Ose expérimenter.
Découvre ton trésor caché.
Tu reconnais l'âme des gens.
Mets en lumière ta propre lumière.
Pars à la découverte de toi-même.
Ose aller dans des endroits inconnus.
Accueille tes dons de voyant, dons de l'esprit.
Ose l'audace et la joie pure. Éclate de ton rire lumineux.
Lâche les soucis et tu auras de magnifiques surprises.
Sois lumineux et laisse-toi juste porter par la vie.
Découvre cette voie lumineuse de qui tu es.
Vibre aux vibrations de la beauté.
Libère-toi de ton passé.

Accueille le jour qui vient comme un cadeau.
Il est urgent que tu découvres tes dons !

Ton amour infini pour ta famille terrestre t'enchaîne.
Laisse tomber les lourdeurs du passé.
Vois ta vie comme un renouveau...
Tu n'as pas à te sentir attaché.
Décolle de tes ailes parfaites.
Prépare-toi à l'envol sacré.
Envole-toi !

- 41 -
RÉINTÈGRE TON CORPS SACRÉ

Flamme...

« Réintégrer son corps sacré, c'est apprendre à découvrir son corps comme un cadeau d'expérimentation de la matérialité. »

L'objectif pour décoller avec tes ailes d'ange c'est de redécouvrir tous tes sens à travers le regard du cœur, le but de cette vie terrestre est de faire le chemin pour revenir à ton Essence spirituelle. C'est visiter tes sensations du corps à travers le filtre de l'âme (du cœur), pour toucher ta propre Étincelle, pour te laisser illuminer par ta propre étincelle divine. Partir du corps en passant obligatoirement par le cœur pour découvrir ton Essence divine qui est étincelle, lumière, paix, vie éternelle.

Laisse-toi vibrer au miracle de la vie.
Laisse-toi surprendre. "Sur-prendre".

Grâce à ton corps, à tes sens, tu sais que tu ES. Meurs à ton ego... Continue de poser les bases pour pouvoir te libérer de ton ego. Pour cela : continue de poser ces bases magnifiques avec l'élu de ton cœur... Nais à ton corps... Ville endormie, monde sous-terrain, laisse bouillir ton eau intérieure. Vibre l'amour sans limites. Belle grotte sacrée. Magie de la vie. Accueille la beauté du désir qui naît, qui vibre, qui grandit, qui s'impose, qui explose, qui jaillit, qui coule, qui se pose, qui s'apaise, qui se meurt pour mieux revivre un autre instant magique...

Doux berceau de l'amour à redécouvrir sans craintes et épuré.
La vie t'appelle à l'expérience sacrée du corps !

Laisse-toi happer par ton désir. Laisse venir les rires, les larmes, les soubresauts, les frissons... Danse l'amour et l'éveil du corps. Chante l'extase et la libération du désir. Coule dans ses mains jusqu'à plus soif. Accueille la jouissance divine. Sois libre de toi-même. Libre d'aimer jouer avec ton corps, avec les sensations de ton corps... Tu vas vivre cela. Ouvre-toi en confiance. La confiance est primordiale. L'ouverture du cœur est la base. Laisse couler ton cœur sans ego. Accueille l'instant présent sans projections. Libère-toi du temps. Navigue dans l'espace-temps comme l'être féérique que tu es. Visite les méandres de ton corps dans la volupté la plus belle !   ... Découvre cette volupté ...   Cette partie de toi inconnue.

Expérimente l'extase cosmique.

Accueille cette autre dimension de toi.
Bénis cette vie sur terre dans toutes ses splendeurs.
Fais naître la chatte halletante qui succombe au plaisir infini.
Intercepte chacune de tes cellules pour leur permettre l'envol.
Abandonne-toi au mouvement de synchronicité de l'Espace-Temps.
Libère tes peurs, ton rire, tes soupirs. Ne retiens rien. Laisse juste venir...
Délecte-toi du jus de vos corps mélangés. Navigue dans l'allégresse du lâcher-prise.
Laisse-toi aller dans ses mains d'or. Permets-lui juste de s'abandonner à ses dons.
Réchauffe-toi aux couleurs chaudes. Colle-toi à leur chaleur. Suis le mouvement.
Libère ses dons. Donne-lui accès à ses dons pour "lui m'aime".
Permets-lui de s'aimer dans cette naissance de "toi m'aime".
Découvre et expérimente le rouge, l'orange, le jaune...
La lumière blanche est le graal. Elle est avec vous.
Accueillez cette grande Union sans projections.

Laisse vibrer la lumière. Brille comme tout ton être te le demande.

Laisse murmurer les anges... Émerveille-toi de cet autre TOI. La vie jaillit en toi, laisse-la trouver sa place. Découvre cette plénitude que tu ne connais pas... Sois libre de toi-même. Nous sommes là. Pose-toi en tranquillité avec nous... La vie est mystère, elle peut t'honorer de ses cadeaux les plus merveilleux. La vie est le mystère que tu t'autorises à découvrir. Envole-toi sans craintes. Laisse juste se déposer ces peurs qui t'enferment. Ouvre-toi à la découverte. Ne te coupe de rien. Vois grand, grand, grand. Sois juste toi à l'écoute de tes sens. Suis ton intuition et tes sens sans jugements et ancre-toi dans la prière à l'Univers lorsque tu te sens t'écarter. Ton cœur est prêt à l'accueil de la vie à travers ta nature sauvage révélée par tes sens. Vois ce qui te porte et te met en joie sur cette terre et suis le chemin de cette Vérité. Ce sera ton guide puissant et précieux. Vois dans quels moments de ta vie ton sourire éclaire ton visage et suis le chemin dicté par ce sourire. Prends-le sans hésiter, c'est la porte de la renaissance de ton être qui s'ouvrira si tu oses t'y engager... Grande confiance... La route promet d'être belle !

- 42 -
REMERCIE CELUI QUE TU AS AIMÉ
ET QUI T'A FAIT GRANDIR

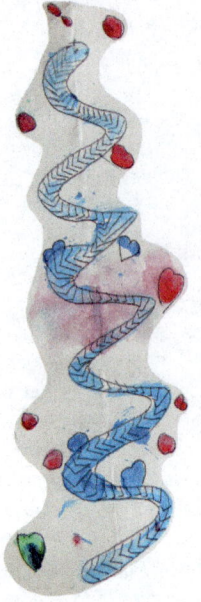

Serpent de vie...

L'amour n'est pas une lutte.
Tu n'es pas tordu et tu n'as pas à le devenir...
Tu n'as pas à lutter pour vivre une histoire amoureuse. Cette
relation actuelle est bonne pour ta confiance en toi et c'est très bien ainsi...

Suis la voie du cœur rempli d'amour inconditionnel,
offre-toi l'amour inconditionnel...

Suis les cris de ton cœur... Ton cœur n'est pas encore en cohérence.
Écoute l'écho en toi. La fluidité et la paix ne sont pas là !
Sois sincère avec toi ! Ton cœur est lumineux...
Ouvre ton cœur à chaque rencontre.
Offre l'amour inconditionnel dans tes relations.
Remercie pour les magnifiques moments partagés et

fais confiance en la vie pour t'amener au bon moment une rencontre

qui te nourrira sur tous les plans et dans laquelle tu pourras te poser en
tranquillité et en amour. Dans l'attente de rien, tu pourras tout recevoir !

Cet amour était un passage, un tremplin.

Ne souffre pas... Ne te préoccupe pas...
Il t'a lancé sur la voie de ton autonomie affective.
Cueille la rosée du matin, vois la beauté de cette goutte d'eau.
Avance sur ce chemin de l'aube du jour et découvre cette vie qui
s'ouvre avec plus d'assurance en toi. Accueille la bonté de
l'instant présent... Tu es plus ancré.
Tu es comme un papillon qui peut désormais ouvrir ses ailes pour voler
où bon lui semble. Pas besoin de t'accrocher à une fleur qui t'empoisonne quelque
part... Virevolte, danse et va respirer d'autres parfums, d'autres saveurs...
Aie confiance en toi dans ta capacité à rencontrer
une personne qui répondra à qui tu es vraiment.
Engagé et lumineux... La vie est belle et riche de surprises...
Ton cœur n'est pas en paix... Envole-toi et butine... Pars lorsque tout
n'est que légèreté et tu sauras ne pas être détruit par cette relation.

Ne t'enferme pas dans ton mental et pars d'un vol léger...

Envole-toi et butine...
Pars lorsque tout n'est que légèreté
et tu sauras ne pas être détruit par cette relation.
Pars le cœur léger et tu sauras comme cette relation
était bonne pour toi telle qu'elle était... Passagère...
Un passage d'effervescence de tes sens !
Envole-toi avec cela en toi et danse la Vie...
« Oser s'offrir la Vérité et partir en paix... »
« Oser voir la vérité en face et le beau du passage. »
« Oser recevoir la gratitude en son cœur. »
... Calme et joie du donner-recevoir ...
Va en paix et en liberté bel être.
Tu as tellement grandi !
Tu sauras faire...

Tu es grand et lumineux dans ce choix de paix intérieure.

Calme et gratitude sont les maîtres-mots pour te guider les jours qui viendront.
Reste centré en ton cœur et offre les mots guidés de ton cœur.
Ils seront justes et feront énormément grandir.
Sois juste avec toi-même et juste avec l'autre.
Ta vie est là devant toi ! Laisse-toi guider.
On te tient la main...
Marche en paix.

- 43 -
RETROUVE LA CONFIANCE PRIMORDIALE

Désorientés...

Quand tu
manques de confiance,
rappelle-toi toujours nos signes puissants.
Remémore-les en toi pour ne pas les oublier...
Ce parcours, qui peut parfois te sembler un parcours
du " combattant " est en fait un chemin d'éveil accéléré.
Apprends à découvrir chaque défi de chaque moment de vie.

*C'est toi qui a choisi cette voie pour accéder à la
Conscience et effectuer des sauts quantiques !
Tu peux te faire confiance, tu as les clés !*

Quand le désespoir est là, décentre-toi ! Chaque étape
a son apprentissage. Tu n'es pas seul. Nous sommes là
pour toi. Apprends à nous connaître. Nous sommes
des guides de lumière. Paix et amour. Croire en
la clarté du monde, en la Source infinie.
Faisceau lumineux. Canal liberté...
Respire la joie à travers nous,
nous le désirons tant...

Tu as aussi tes nouveaux amis humains... Ne les oublie pas. Ils sont une
magnifique ressource. Ils sont tes guides aussi. Tout comme tu es leur guide.
Reste centré sur ta mission. Unir, réunir... C'est cet échange permanent entre vous,
spontané et sacré, qui vous permet la compréhension fine de ce que vous vivez en ce
moment. C'est une relation sacrée entre vous qui vous connecte à tout ce
qui vit. Aime les enfants. Accueille leur joie pour nourrir la tienne.
Créez ensemble. Ne sois pas inquiet. La vie suit son cours.
Ne prends pas tous les problèmes à ton compte.
Vise haut. Rayonne ton énergie. Apaise.

Suis le chemin de clarté. La voie de la lumière...

Chante et resplendis de lumière ! Sois l'oiseau perché...
Resplendis de joie et d'amour, tu attires ainsi la grâce divine.
Vole de tes propres ailes. Navigue dans l'immensité des possibilités.
Enchante par ta sagesse... Enchante par ta folie... Surprends, guide...
Prends ta flûte. Innove, invente, fais-toi plaisir... Tout est permis !
Continue de recevoir nos messages, continue d'être en lien.
Continue de "rassembler" à ta manière. Tu le fais bien.
Minimise. Sois doux avec les autres. Avec toi aussi...
Entoure-toi de ta bulle. Chante. Parfais ce monde.
Poursuis ta voie de lumière, navigue en tranquillité.

... Quiétude, sérénité ...

C'est indis   -   pensable...
Maintiens la tranquillité et l'équilibre.
Sens-toi libre. Libre d'être qui tu aspires à être.
Tu as su laisser tomber les habits qui t'alourdissaient.
Suis l'exemple de ceux qui se sont laissés inspirés.
Ne retourne plus dans le système " métrique ".
Sois en paix. Éclate-toi... Vogue librement.
Accède à cette liberté. Fais-toi plaisir.
Envole-toi et jongle avec la magie ;
ne t'enferme pas dans le cadre.
Vis et fais vivre ceux dont
tu as la responsabilité.
Respire cette essence
de joie d'apprendre
et de liberté.
Éclos à toi
"m'aime"

- 44 -
RETROUVE TON MONDE ENCHANTÉ

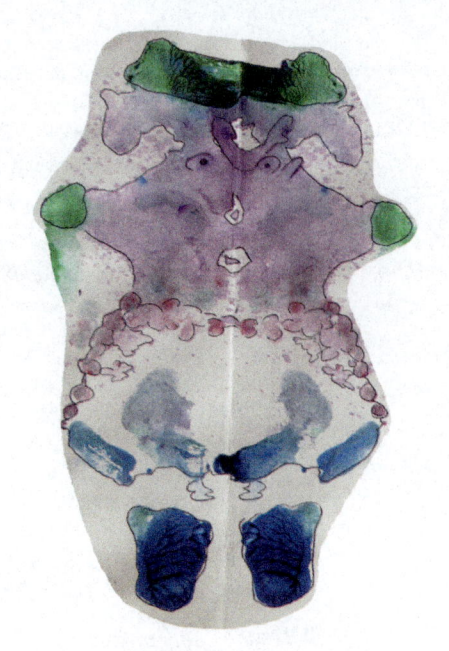

Doudou protecteur...

Si tu laisses entrer la lumière de ton cœur,
comme ton sourire est bienveillant et doux !

Tu doutes et pourtant...
Mille lueurs multicolores gravitent autour de toi.
Mille lucioles ailées et enchantées t'entourent de leurs chants joyeux.
C'est la paix qui apparaît. Ton sourire d'ange remplit l'espace de félicité.
Si tu suis la lueur de ton cœur, il t'éclaire la voie sans questionnements.
Respire au son des cliquetis des bruits enchevêtrés qui t'entourent.
Souris aux anges et tu seras porté par eux comme un des leurs.
Ton allure de garçon s'équilibrera avec ton féminin sacré
et tu reflèteras alors l'être androgyne que tu es.
Pas de fardeau à porter. Pas de lourdeurs.
Pas de valises.

Chaque nouvelle expérience t'amène un peu plus vers ton Toi profond. Accueille le Nouveau comme un cadeau incroyable...

Tu es légèreté et douceur...
Cela te surprend ? C'est pourtant bien ce qui te définit le mieux !

Voilà qui tu es au fond de toi.
Tu es celui que tu étais enfant !
Léger, insouciant et rempli de gaieté.
Retrouve cette insouciance, cette innocence.
Garde ce sourire de l'enfant et ce sera parfait dans ta vie !
Tu es un elfe venant chamailler ce qui est trop carré et demande de la souplesse
et du rire. Un petit lutin des bois ailé, navigant de fleurs en fleurs
avec le sourire coquin des êtres de la forêt.

Tu n'en es pas loin.
Aime offrir le fruit de tes récoltes.
Laisse-toi guider par les elfes et lutins de la forêt.
Accueille ces brassées de fleurs que la vie veut t'offrir.

Aime t'amuser des découvertes surprenantes de tes créations...

Tu te délestes un à un de ce qui t'a alourdi les ailes.
Tu as pris le chemin de ton envol.
... Lâche l'organisation sévère ...
Nourris-toi de bon, de beau.

Les êtres de la forêt
te murmurent mille astuces et trésors
pour transformer le quotidien en magie incroyable.
Tu n'as qu'à écarquiller les yeux et tendre les mains.
Redeviens amoureux des petites bêtes. Adore le chant de la pluie...
Chante, aime, joue et offre cet amour et cette joie simple de la vie belle.
Profite et souris à la vie. Elle meurt d'envie de t'offrir ce cadeau.
Ôte ce voile de l'illusion des problèmes. Tu n'en as pas besoin.
Envole-toi de l'envol du papillon enfin libéré de son cocon.
Stoppe les pensées dévastatrices.
Tu es beau et lumineux.
Sois tranquille.
Tout est là !

C'est dans cette légèreté que les personnes
faites pour toi sauront te reconnaître !

- 45 -
RÊVE DE JUSTICE

Gardien sacré...

Crève la bulle d'austérité...

Ouvre les vannes du changement.
Ne te limite pas. Arrête le jugement.
Ose dévoiler le voile de tes peurs sur qui tu es.
Sème les graines de joie, de légèreté dans ton cœur.
Réenchante chacune de tes cellules qui se libèrent de la colère.
Apporte l'oxygène de la Source à chaque cellule engluée.
Ose tes colères sacrées. Cela est transformateur.
Ose défier tes peurs comme tu défies l'Univers.
Crie à l'Univers ton sentiment d'injustice.
Ose prendre l'épée qui tranche.

Tranche et apporte la lumière !

Unifie l'amour et la haine.
N'aie pas peur de ta propre lumière.
Creuse l'écart qui fait basculer la noirceur.
Bats-toi avec tes ombres, tu en ressortiras glorieux.
Juste, nous pouvons être ton armure. Appelle-nous à la rescousse.
Dès que le mot paresse apparaît dans ton mental, remplace-le par le mot prouesse... Laisse-toi porter par tes rêves de justice.
Filtre l'eau trouble et garde seulement l'Essence divine.
Tu es toujours surpris de tes rires éclatants...
Rends-les légitimes et puissants !

Tu es là pour ça...

Tu t'essouffles car tu luttes !
Une lutte infinie de comparaison...
Des caquements incessants te polluent.
Tu passes ton temps à te juger, à te comparer.
Coupe les fils du pantin dépendant, revêt la peau du magicien créateur.
Arrête de penser que tu détestes les injustices. Cela t'enferme terriblement.
Ta mission de lumière est grande mais ton épée te tranche en premier.
Suis la Source qui te ramène à ton point d'équilibre.
Proclame l'authenticité de ton existence.
Fais vibrer l'onde de l'eau endormie.
Arrête de te mutiler.

Nage dans le courant...

Marche en paix. Point de rage.
Juste du "laisser-sortir" puis du calme.
Respire à pleins poumons et chante l'amour.
Brave tes peurs et avance "gai et sûr", comme toi.
Joie des retrouvailles de ton Toi endormi, beau justicier de minuit.
Ta jouissance est perpétuelle si tu effleures le calice de chaque chose.
Garde tes ressources pour les causes justes...
Avance main dans la main avec toi-m'aime.
Apprends l'équilibre du donner-recevoir.
Ose voir tes rêves en grand.
Tu existes... Tu existes !

Un. Unique. Vois loin...

Ne t'enferme jamais !
Vole bel oiseau. Vole de tes propres ailes...
Amène en ton esprit l'immense ÊTRE que tu es.
Invente la formule magique qui te reconnectera systématiquement à tes dons.
Sois doux et bienveillant envers "toi-m'aime" et la douceur envahira ton existence.
Enfile ton armure de légèreté et laisse-toi guider par l'écho des forêts.
Bel oiseau du passé revenu pour décrypter les lourdeurs à effacer.
Rédige le grimoire sacré de tes compréhensions.
Prends soin de ton calme intérieur.
Nourris-toi de tes dons.
Utilise-les sur toi.
Paix en ton
cœur.

- 46 -
REVIENS À L'INNOCENCE DE L'ANGE

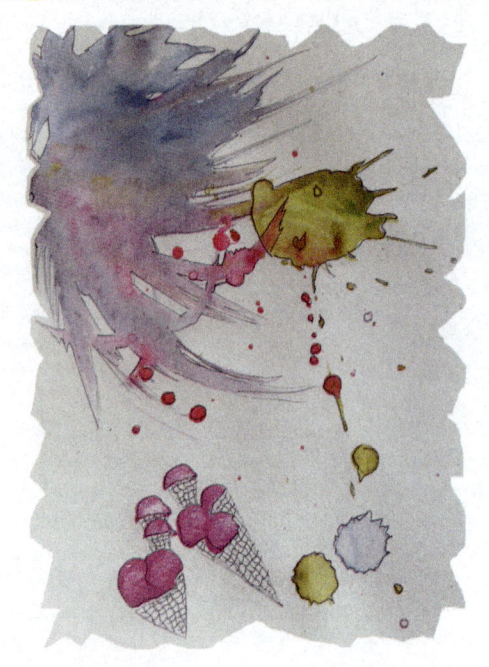

Enfance...

Nous t'aimons ! Tu n'es pas seul !
Tu as des étoiles dans le regard. Si proches...
Ôte ce voile qui perturbe ta vue ! Accède à la lumière des étoiles.

Permets à ces étoiles de se rallumer...

L'ange en toi étouffe,
il veut venir t'aider, ne l'étouffe pas.
Il rêve de découvrir le monde tel qu'il
est et non tel que tu le perçois actuellement.
Il doit retrouver sa liberté, il rêve de sortir de sa cage.
Appelle les anges pour te permettre l'envol dont tu as besoin.
Être terre à terre ne te convient pas. La lourdeur ne te correspond pas.
Aucune lourdeur ne doit venir abîmer tes plumes. Tu es légèreté et tu dois le rester. Ne laisse pas la bougie se consumer sans protéger la flamme qui est là pour illuminer le monde et ta vie. Retrouve ta beauté intérieure.
Retrouve l'innocence, la candeur...

Tu es un faucon royal.
Tu dois apprendre à voler...

Tu as l'oeil aiguisé, l'envergure en toi...
Pour oser voler, il faut lâcher-prise, obligatoirement.
Il faut faire confiance en ton Toi profond qui a tout en lui.
Mais oui, il faut oser se lancer dans le vide. Et ça fait peur...
N'analyse pas mais écoute ton cœur qui hurle :
« Écoute-moi ... C'est moi ton guide ...
Oser vivre, c'est comme oser voler ! »
Apprends la guidance du cœur...
Accueille ton ange intérieur.
Tu es un ange incarné sur cette terre
pour apporter une vision large et aider les humains à s'élever. Mais ton défi
premier est de t'élever toi-même. On a toujours le défi de ses dons. Toujours.
Nous sommes avec toi. Fais-nous confiance. Inspire toujours lorsque tu te
sens perdu... pour " ré-ouvrir " le canal direct, le canal connecté.
Tu as la lumière en toi mais tes peurs l'ont éteinte.
Retrouve ta confiance en l'Univers pour
rallumer cette flamme qui te guide.

L'Autre est bon pour toi.

Tu avais besoin de sécurité.
L'Autre t'a offert la sécurité.
Simplement, ne lui demande pas tout.
L'accès à la lumière, cela viendra de toi.
L'envol vers ta vraie liberté, cela viendra de toi.
Ne demande pas à l'autre de se transformer.
N'attends pas ça. Tu as perdu la trace de ton
ange. Il est urgent que tu ailles à sa recherche, à sa
rencontre, à ses retrouvailles... La douceur doit revenir en toi.
Va à la rencontre de ta graine sacrée. Elle te montrera le chemin.
Ton bonheur est ta responsabilité et ne doit pas dépendre de l'Autre.
Change de point de vue. Alors, certainement, l'Autre changera...
Mais cela n'aura alors plus d'importance ! Trouve ta paix
intérieure. Vole de tes propres ailes.
Ose la confiance en l'Univers.
Laisse-toi imprégner par le souffle divin.

Apprécie cette nouvelle sensation de ton être libre...
planant au-dessus de cette terre.

- 47 -
SOIS DOUX AVEC TOI-MÊME

Doux rêveur...

Suis ta voie. La voie de l'Univers.
Empreinte le chemin de l'ombre pour débroussailler la voie.
Mets tout à plat. Souffle un bon coup. Fais le grand ménage.
Ton vrai Toi attend que tu bouges. Il croit en toi.
Tu es le fil d'or qui tisse la toile. L'envie est là.
Franchis le pas. Respire et souviens-toi.
Tu es Vie. Laisse vivre. Ne retiens rien.
Retourne à ton Essence de petit enfant.
Rappelle-toi l'enfant léger, vif, insouciant.
Tu dois retrouver cet état.
Sois doux avec toi.
Câline ton cœur.

Qu'attends-tu ?

Douceur est synonyme de Candeur.
Candeur est synonyme de Joie.
Joie est synonyme de Vie.

Lâche les armes et elles partiront. Arrête de te battre avec
les ombres. Stoppe le combat. Arrête de te détruire. Tu es douceur.
Éloigne-toi de ce qui te détruit. Ne vois pas le profit. Mets le doux au service
de chaque être qui croisera ton chemin... Tu vas être rempli d'un voile de douceur
et de légèreté que tu mérites. Fais confiance... Souffle. Affine. Lis ce qui t'attire.
Décolle enfin. Va vers ta vraie mission. Tu dois développer et apporter ta douceur.
Laisse les soucis de côté. Lâche l'affaire pour te mettre au service des autres.

Apporte le doux. Apporte un monde de douceur.

Tu as trop porté. Retrouve le calme.
Souffle le sorcier noir. Souffle-le à l'extérieur de toi.
Demande-lui gentiment de te quitter, de stopper son influence.
Caline-le pour lui montrer qu'il peut enfin partir. Il vient de tes ancêtres.
Respire pour lui permettre de s'envoler. Libère-le définitivement.
Purifie-toi. Bois de l'argile pour faire un travail de purification.
Bois des tisanes et des plantes d'ortie.

Ne te juge pas trop durement...

Tu as trop porté. Lâche... Accueille la douceur de qui tu es.
Tu es un grand protecteur de la Vie, de la préciosité de la Vie.
Tu dois réfléchir à l'impact de toutes tes actions, renverser le sablier.
Revenir à ton Essence. Laisser s'envoler les soucis. Tu es légèreté et douceur.
Découvre ton féminin, ton yin. Tu ne le connais pas. Accueille-le comme on câline
l'enfant. Fais de ton mieux et efface parfois certains souvenirs pour ne pas
nourrir d'amertume... Tu t'es toujours battu, il est temps de te reposer.
Le combat est fini. Lâche les ombres et elles partiront. Déroule le voile de la
quiétude, laisse-toi porter, guider. Dors pour rêver. Comprends ce que tes
rêves veulent te révéler. Fabrique un monde de paix à l'image de tes rêves.
Tu es le passeur de rêves, celui qui écoute, le bienveillant, le protecteur.
Fume le calumet de la paix. Cherche le beau, toujours.

Fabrique le monde dont tu as rêvé en harmonie avec la nature.

Crée le calme autour de toi dans la nature et les gens viendront se ressourcer
auprès de toi. Apporte une ressource de bien-être lumineuse et paisible. Apporte
l'harmonie. Instaure l'harmonie. Sois grand comme tu l'es. Reste ancré comme tu
l'es. Ne juge rien. La conscience humaine a ses limites. Câline tes peurs et celles
des tiens. Sois juste toi à aimer. Câline ton passé. Renoue avec des fils d'or ce qui
a été déchiré. Tu as des doigts de fée. Respire profondément et fais appel à nous
dès que tu en as besoin. Nous t'accompagnons en amour. Nous sommes tout près.
Nous voulons prendre soin de toi. Deviens la sagesse de l'eau
qui s'écoule paisiblement.

- 48 -
TON ENFANT INTÉRIEUR
SERA TOUJOURS UN PUISSANT GUIDE

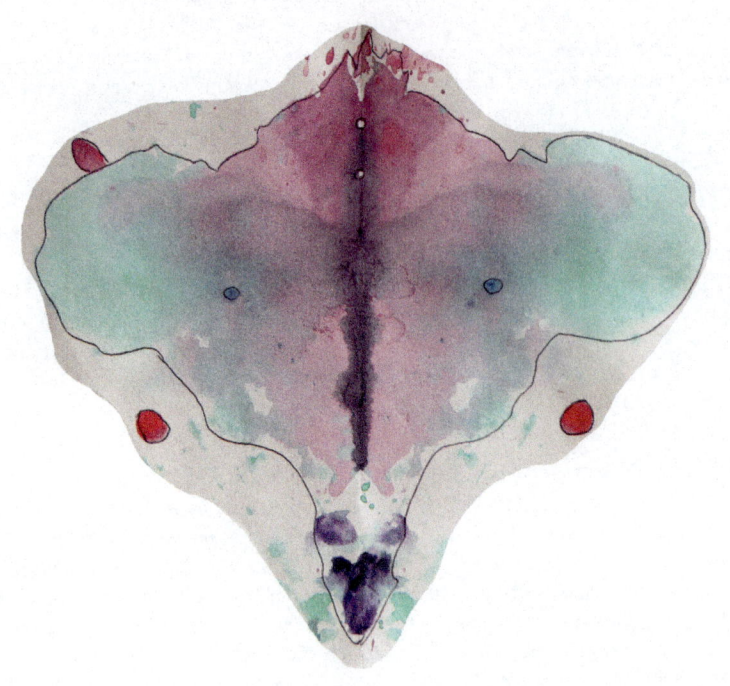

Babar...

Libère-toi de ton étau... Cueille la vie dans toute sa splendeur...
Ose dévoiler la beauté cachée, enfouie...
La peur n'a plus lieu d'être !
Ton enfant intérieur n'a pas peur...
Il rit aux éclats de ses découvertes merveilleuses...

... Accueille qui tu es ...

Tu es une perle de beauté et de bonté.
Accueille le doux et le merveilleux en chaque chose.
La vie est cadeau. Reçois ce cadeau sans peurs, tu sais qui tu es...
L'enfant sauvage trop longtemps contenu explose de mille feux...
Tu n'as plus qu'à dire MERCI.

Ta vie t'appartient !
Personne ne voudra te faire de mal si tu amplis ta vie.
L'amour fait grandir, toujours... On n'aime jamais assez...
Ceux qui te disent que tu aimes trop ont tord. À commencer par toi !
Ose recevoir pour toi-même ce que tu sais offrir pour les autres.
Suis le fil qui te mènera à ta Vérité la plus profonde.
L'amour ne joue aucun mauvais tour. Jamais.
C'est la peur qui détruit !
Tu es Amour.

... Aime au plus grand que tu n'as jamais aimé ...

Découvre tes dons 1 à 1
et accepte le cadeau pour toi
de te recevoir tel que tu es : MERVEILLEUX...
Don d'intuition, d'empathie, de guérisseur, de sorcier...
Découvre tes talents cachés et amuse-toi de tes découvertes !
Lâche les lourdeurs. Tu n'en as pas besoin et pourtant tu t'y accroches...
La blessure n'existe que là où on veut bien l'entretenir...
Accueille qui tu es comme une bénédiction...
Tisse le fil d'or de tes pensées.
Vis dans la légèreté...
Ose le merveilleux.

... Nous sommes là pour toi, puissants à tes côtés ...

Fais-nous confiance.
Nous sommes tes guides de lumière.
Parle-nous. Reviens vers nous. N'aie pas peur.
Nous te tenons la main... Plus que jamais ! Parle-nous....
Plus tu nous parleras, plus tu nous donneras les moyens de t'aider.
Invente ta propre voie pour créer le contact...
Affine ton lien à nous !

- 49 -
TON ÊTRE EST ANGÉLIQUE
COCRÉE AVEC NOUS LE PLUS BEAU

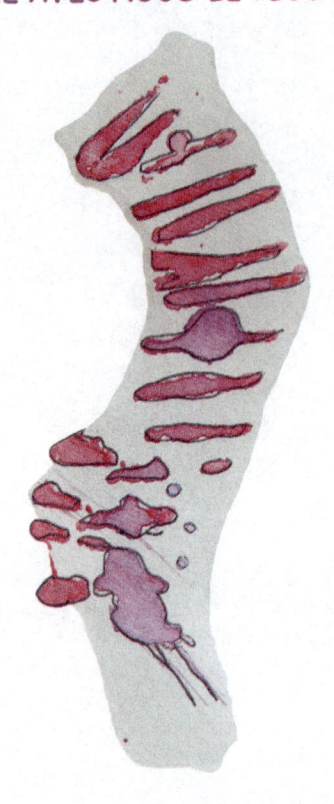

L'escalier menant au paradis...

Paix éternelle.
Illumination. Beauté pure.
Écoute cette voix angélique.

Cette voix posée tout là-haut, en haut de l'escalier d'or.

Entends ces messages angéliques qui peuvent sauver le monde.
Ne doute pas de leur valeur. De leur justesse.
Oui, c'est un appel
à la cocréation.

Lis dans les pensées. Apporte la lumière.
Laisse voler ta fée à la rescousse des égarés.
Tu le sais quand c'est ton intuition qui parle et non ton mental.
Reste bien ancré là-haut dans les nuages pour recevoir ces messages.
Spirale de vie. Cocréation du plus beau. Suis ton intuition. Cultive ton intuition.
Aie confiance dans cette alliance de vie pure. Elle est aidante dans qui tu es.
Ton être est angélique. Accepte cette guidance merveilleuse et magique.
... Cela peut transformer ta vie. Sois calme et tranquille ...
La tranquillité t'apporte éclairage, sois sans craintes.

Ouvre ton cœur de mille feux rayonnants de lumière.
Sois la clarté dans les ténèbres.

Fais   naître
les étoiles   de lumière.
Ton rêve est trinité. Suis ton rêve.
La pureté peut naître de tellement d'endroits.
Enfant de lumière. Ose la beauté de la lumière.
Ton libre-arbitre a toute sa place et nous voulons cocréer avec toi.
File ta vie comme on file la laine. Avec patience, foi, lâcher-prise.
Deviens le fil d'or qui naît de l'alliance entre l'humain et le divin.
Par la grâce du plus puissant en toi, ose créer la voie nouvelle
d'une création mirobolante où seuls la paix et le plus beau seront les guides
absolus. Pour que chaque chose sur cette terre bénéficie à tout jamais d'un halo
de lumière. Pour que chaque être naissant sur cette planète se sente nourri d'un
seul bien-être, depuis le premier instant jusqu'à la fin de son expérience
avec la liberté offerte d'un berceau propice à la création de l'émerveillement. Nourrir la joie de l'enfant, dans la conscience d'un autre temps.
Y croire et faire émerger le meilleur, c'est le défi à cette heure.
Votre parcours humain est beau...
Humaine   expérience.
Divine   création.

Créez enfin sans hésiter !
Laissez-vous guider, câliner.

Lorsque l'humain s'unit à la lumière
c'est le nouvel âge d'or qui peut prétendre à sortir de terre.
Dans une confiance infinie, fais naître à la vie ce que nul n'aurait pu imaginer
possible alors. Unir la beauté de la création à la guidance de l'esprit élevé,
dans l'alignement léger du cœur. Beauté cachée, beauté révélée.
Fluidité et amour à tout jamais. Tu es beau.
Vous êtes beaux. Aimez-vous.

- 50 -
TU ES L'HUMAIN UNIFIÉ À SA DIVINITÉ

Nombril du monde...

Joie facile. Tu accèdes à la joie !
Tu exerces ton aptitude majeure et cela est parfait !

Tu sais recentrer tes émotions et te tourner vers la lumière...

Apprends à te poser en tranquillité pour parfaire ton lien aux étoiles.
Permets l'équilibre sacré entre fougue et tranquillité.
Découvre le canal direct au Mystère de la vie.
Transmute ta joie à travers la musique.
Poursuis ce chemin de bonheur.
La musique habite ton âme.
Tu l'as compris très tôt.
Tu as un don, persévère.
Ose encore davantage
le développer...

Parfais ton lien aux émotions.
Accueille-les toujours avec gratitude
pour comprendre le message qu'elles veulent te délivrer.
Sois à l'écoute de ce message et libère alors ton être des tensions...

Tu es magnifique !

Aie confiance en tes magnifiques ressources...
Elles sont parfaites pour qui tu as choisi d'être !
Découvre qui tu es au plus grand de ce que tu rêves de devenir...
Vois toujours au plus grand et au plus beau à l'écoute de ton cœur.
Nous serons là pour te soutenir dans l'accès à tes rêves...
Sois à l'écoute de tes rêves puissants.
Ne doute jamais de tes capacités !

Tu es ressource...

Sois le sourire rendu aux égarés de la lumière.
Poursuis cette voie d'entraide pour emmener les autres
à l'acceptation de l'ombre et de la lumière.
Permets la réunion des contraires.

Bonté et rires !

Amour et légèreté.
Confiance et tranquillité.
Tu as déjà compris tant de choses de la Vie...
Avec tout ça dans tes bagages, ta route promet d'être belle...
Poursuis ta quête de bonheur en affinant la compassion, le respect et l'écoute.
Tu es le grand TOI capable de toutes les beautés inimaginées encore...
Tu es l'humain unifié à sa divinité...

- 51 -
TU ES PRÊT

Secrets d'abysses...

Chante la vie telle qu'elle s'offre à toi.
Tu as cette capacité puissante de paix en toi.
Tu es celui qui peut apporter l'équilibre de la paix.
Tu sais marcher et avancer en restant droit et ancré.
La vérité de tes visions vient réajuster ce qui peut manquer de justesse.
Poursuis ce chemin avec confiance. Tout va s'éclairer. Bientôt.
La terre est là pour transformer les paquets de lourdeur.
Tu peux être fier de qui tu es et de ce que tu deviens.
La vie te met à l'épreuve et tu t'en sors très bien.

Tu as su créer ce socle, rempli d'amour, offert pour les tiens même quand le vase déborde pour eux. Tu as le droit de craquer toi aussi.

de laisser couler tes larmes, d'accueillir tes angoisses. Nous sommes là pour toi. Ta famille, tes amis, tes voisins sont là pour te tenir la main, et tu sais demander. Prends le temps de lâcher le stress de cette vie, découvre cet espace sacré en toi. Pose-toi en tranquillité dans ton être intérieur. Apprends à respirer en harmonie avec nous. Apprends à te déposer en nous comme l'enfant le fait dans les bras de sa maman. Ouvre l'accès pour oser transcender cette beauté d'amour toujours présente. Tu sais que la mort est illusion... Mais tu sais aussi que la peine déchirante est à accueillir pour être transcendée. Alors accueille comme tu le fais...
Trouve la paix en ton cœur pour accepter ce câlin des cœurs retrouvés.
Cet amour grandiose fait partie de toi.

Tranche les illusions de ton épée de sagesse.
Tu es beau. Tu es lumière de Vérité. Tu as la force innée.
Tu n'es pas seul, demande et tu recevras tout ce dont tu as besoin
... et accueille alors la douceur de ce qui émerge ! Tout est juste ...
Tout est juste même si certains voudraient te faire croire le contraire.
Le chemin est clarification, le chemin est libération.
Cale-toi sur les vibrations de ta lenteur innée.

Sens-toi beau. Accueille cette beauté. Nourris-toi
de ce jugement positif, de ces mots bienveillants pour toi...

La vie est belle et tu es en train de dégager les ombres pour laisser passer la lumière. Tout est présent, prêt à renaître des cendres par la transmutation par le sol ou par la réactivation par l'air. Souffle sur les braises pour redonner vie au feu de la vie. Rien n'est éteint. Poursuis ce chemin dans la tranquillité d'esprit. Laisse mourir ce qui a à se décomposer... pour renaître plus beau et plus fort encore. Laisse se réanimer ce qui était juste endormi.

Ne choisis pas, enfant de la lumière...
Tout est juste. Paix intérieure pour le découvrir.

L'aigle en toi meurt d'envie de voler en liberté. Prépare son décollage.
Pour cela, assois la confiance en ton alignement intérieur et en ta foi en la Vie.
Laisse venir les actes de justesse et laisse-toi guider pour les mettre en action.
Sois rempli de beauté envers chaque chose, chaque être, chaque évènement même si sur le moment tu n'as pas toutes les clés de compréhension. Crée en toi la place nécessaire à ce changement intérieur puissant. Juste une énorme confiance et une énorme écoute des signes, des guidances et messages à découvrir.

Le terrain est préparé. Inspire...
Et pour le reste : rêve et laisse-toi inspirer !

Dépose tes peurs sereinement à la terre et ouvre tes ailes.
Les odeurs sont importantes. Laisse-toi envahir par les odeurs.
Découvre-toi maître, chaman, guérisseur... lumineux et rayonnant.
Tu es ! Ami, ton âme ris à l'image de ce grand Toi enfin révélé ! Tout est là !
Ouvre-toi à l'accueil ennivrant de ce nouveau Toi qui te crie de lui laisser la place.
Et au moment venu, tu sentiras ton corps se détacher du sol pour prendre son envol.
Regarde-toi à la lumière de ton âme... Regarde tout à la lumière de ton âme...
Écoute ton cœur rempli d'amour, il sait le meilleur chemin pour toi.
L'heure est venue de la transformation magique !
Ton âme sait et est ton meilleur guide.
Laisse juste faire...

- 52 -
UNIFIE TON ÊTRE
ET DÉCOUVRE-TOI AUTRE

Oups... un coup de main ?

Errance...
Merveilleuse créature de la Source.
Ose la confiance en la vie. Ose la confiance en nous.
Ta vie est partagée. Tu es coupé de toi-même. Tu es double.

La réunification est fondamentale.

Suis la lumière. La voie de la lumière. Éclaire ta propre route.
Lis ton trajet de vie comme une carte au trésor.
Fais confiance en tes expériences. Lâche prise.

Vois comme tu as grandis.

Décolle vers l'Univers sacré des étoiles. Plante le décor de ta vie belle.
Tu es magicien et tu ne le sais pas. Souffle l'air impur et vole parmi les anges.
Cicatrise les blessures avec chaque beauté nouvelle.
N'attends rien et autorise-toi tous les rêves.
Revêts le manteau du bonheur.

Écoute tes profondeurs,
tes rondeurs... Qu'ont-elles à te dire ?
Écoute avec justesse... Affine la justesse...
Quitte les guenilles qui ne t'ont jamais appartenues.
Quel lourd fardeau. Elles sont moches... Tu ne les aimes pas.
Alors laisse-les sans regrets. Des habits d'or t'attendent.
Sois la reine, sois le roi. Ose revêtir la couronne.
Tu sais prendre de la hauteur.

Ajuste ton pouvoir.

Ta toute puissance est dans la justice. Tu sais reconnaître l'injustice.
Combats-la avec les bonnes armes : les armes de l'amour et du regard juste.
Évacue la colère que tu portes encore en toi. Libère-toi de ces chaînes du passé.
La liberté te tend les bras ! Chevauche-la et ose vivre. Paix en ton cœur.
Défends les justes causes et ton cœur s'ouvrira comme jamais.
Nous sommes là pour t'emmener au delà de tes apparences.
Ta foi est ton principal obstacle. Retrouve la foi en la vie.

Comment ? Nous demandes-tu ardemment...

Et bien déjà en nous le demandant justement...
Tu n'avais pas peur des anges. Tu te confiais à nous.
Rappelle-toi notre lien quand tu étais enfant.
Tu nous parlais et nous te répondions.
Fais-toi confiance ! Rien n'a changé sauf que tu ne nous parles plus.
Retrouve le chemin pour venir à nous... tu le connais, tu l'as déjà emprunté...
Rappelle-toi des instants, remémore-toi des lieux, rappelle-toi même des odeurs.
Reviens dans ton état de petit enfant et seulement là,
adresse-nous les plus belles prières pour toi.

N'aie pas peur de demander. Nous sommes auprès de toi.

Demande toujours pour le bien de tous, jamais en négatif.
Arrange-toi pour transformer tes pensées négatives en prières positives.
Tu pourras être surpris ! Laisse-toi surprendre... Ne bloque pas, ne te lamente pas.
N'attends rien mais attends tout. La vie est belle mais il faut oser demander de
l'aide. On est là pour toi. On est là comme jamais. Ose toquer à notre porte.
Tu y seras toujours le bienvenu, que tu plonges dans le bonheur
ou que tes peurs reprennent le dessus. Beau justicier de la vie,
apporte l'équilibre avec les armes de l'amour. N'oublie pas
de remercier et tout va reprendre sa juste place.

À propos de l'auteure

Professeure des écoles en maternelle depuis 18 ans, mariée, maman de 3 enfants, Cécilia Angénieux-Grenier se sent appartenir à la famille d'âme des alchimistes-fées [*].

Son expérience de vie l'amène à découvrir de manière puissante le parcours alchimique de la voie royale permettant l'éveil des consciences. Elle est notamment l'auteure de "Comment ne pas manger la tablette entière de chocolat ?", recueil alchimique par excellence.

Elle vit depuis ces 15 dernières années des transformations profondes l'amenant notamment à recueillir en écriture spontanée des messages de guides de lumière. La force mêlée de douceur des textes qu'elle réceptionne ne cesse de l'émerveiller... ce qui lui permet désormais d'oser élargir leur transmission, les ressentant d'une guidance absolue vers la nouvelle humanité.

Vous pouvez la contacter par le biais de son adresse électronique :
ceciliamagiciennedevie@gmail.com

---

[*]   Selon la définition reçue en canalisation par M. Lise Labonté - Cf. Livre <u>Les familles d'âmes</u>.